Wolf Rosenstock   Vergiss nicht

Wolf Rosenstock

„Das vergiß nicht"*

Deuteronomium 25,19

Notizen aus dem rumänisch-deutschen Vernichtungslager Dschurin

Nachwort von Mirjam Bercovici-Korber

**Herausgegeben von Erhard Roy Wiehn
Hartung-Gorre Verlag Konstanz**

---

* Wolf Rosenstocks *Notizen* trugen in der Erstveröffentlichung (1984) den Titel *„Das vergiß nicht"* mit dem Quellenverweis auf Deuteronomium 25,19, S. 7 (dazu Fußnote 21, S. 131).

Fotos der Umschlagtitelseite und Umschlagrückseite stammen aus dem Archiv von Simona
Ruhm; Herstellung: Fa. Sowa, Warschau, Polen.

1940–2020
80 Jahre Deportation der südwestdeutschen Jüdinnen und Juden nach Gurs
und andere Internierungslager in Südwestfrankreich sowie
75 Jahre Ende des Zweiten Weltkriegs und der Holocaust-Schoáh
✡✡✡✡✡✡✡

Bibliographische Information Der Deutschen Bibliothek
Die Deutsche Bibliothek verzeichnet diese Publikation in der Deutschen
Nationalbibliographie; detaillierte bibliographische Daten sind im Internet
über <http://dnb.ddb.de> abrufbar.

© Alle Rechte vorbehalten/All rights reserved
Erste Auflage 2020
Hartung-Gorre Verlag Konstanz   Germany
ISBN 978-3-86628-676-4 und 3-86628-676-7

WIDMUNG

Dem Andenken meiner von den Nazi-Mördern umgebrachten, unglücklichen Schwestern Lea (Loncia) und Rosa gewidmet.

Anstatt eines Vorwortes

Die hier folgenden Notizen aus einem gar wenig bekannten Vernichtungslager auf ukrainischem Boden lagen bei mir im Manuskript seit fast 40 Jahren herum. Als ich merkte, daß sie — mit Bleistift geschrieben — bald nicht mehr zu entziffern sein werden, schrieb ich sie — tale, quale —, ohne etwas am ursprünglichen Texte zu ändern — bis auf neuorthographische Anpassungen —, an der Schreibmaschine um. Ich war dabei einfach erstaunt, wie — trotz der vergangenen 40 Jahre — so manche damals angestellten Betrachtungen und ,,Kommentare'' — was insbesondere Judenschicksal und Judengeschichte anbelangt — ihre Aktualität durchaus nicht eingebüßt haben.

Ich glaube daher, daß diese ,,Chronik Dschurin'' auch für den Leser von heute von einem besonderen Interesse sein dürfte.

W. R.

Wolf Rosenstock
,,Das vergiß nicht" (Deuteronomium 25,19)
(Notizen aus dem rumänisch-deutschen Vernichtungslager Dschurin)

Dschurin, 29. November 1941

Welch ein Glück und welch ein Wunder! Ich entdecke — unter den bis hieher mitgeschleppten, den rumänisch-deutschen Räuberhänden entgangenen Habseligkeiten — ein Heft und noch ein ziemlich dickes dazu. Auch einen Tintenstift habe ich noch. — Da ich aufgehört habe, Individualschicksal zu sein, da das, was ich erlebe, kein Exklusiverlebnis mehr ist, muß das, was sonst bloß ein ,,Tagebuch" wäre, zur Chronik werden. Ich will versuchen, eine solche Chronik aufzuzeichnen — wenn und solange so etwas mir möglich sein wird —, in der vagen Hoffnung, daß Gules (Exil) Dschurin mal ein Ende haben wird und sich Menschen finden werden, die es interessieren wird, zu wissen, wie dieses Stück jüdischen Schicksals ausgeschaut hat . . .

Vor etwa sieben Wochen hat es begonnen. Am 13. Oktober 1941 — im jüdischen Kalender war es ein Tag vor ,,Simches Toire" — habe ich, zusammen mit allen jüdischen Einwohnern des nordbukowiner Städtchens Wischnitz — einst bekannt als Sitz des berühmten ,,Wischnitzer Rebbe" — diesen Ort verlassen müssen. Am Samstag, dem 11. Oktober 1941, hatte es ein stundenlanges, schauererweckendes Trommeln auf dem Marktplatz von Wischnitz gegeben; es wurde den Wischnitzer Juden, in nichtendenwollenden Wiederholungen, zur Kenntnis gebracht, daß sie, nach Ablauf von 24 Stunden, die ,,Stadt" verlassen müssen; man solle sich nichts mitnehmen, höchstens Essen für etwa sieben Tage. Über ein ,,Wohin" und ein ,,Wozu" schwieg sich der Trommler aus. Soviel war jedoch klar, daß man irgendwohin getrieben werden wird, vertrieben werden wird.

Das war es also, was die rumänisch-deutschen Machthaber, die am 6. Juli 1941 die einjährige Herrschaft der Russen in der Nord-Bukowina und in Bessarabien abgelöst hatten, sich als Höhepunkt des drei Monate lang gegen die Juden Wischnitz' ausgeübten Terrors ausgeklügelt hatten.

Es wäre gewiß angebracht, eingehend über den antijüdischen Terror in Wischnitz in den Monaten Juli bis Oktober 1941 zu berichten, doch ist dazu jetzt keine Zeit. Was ich bloß, wenn auch nur in kurzen Strichen, jetzt vermerken muß, ist das, was seit dem 13. Oktober — dem Tag der Vertreibung — bis heute mit mir und den Juden aus Wischnitz geschehen ist.

In der Nacht von Sonntag, dem 12. Oktober, auf Montag, den 13. Oktober, hatte es zu schneien angefangen. Es war dies eine schlaflose, bange Nacht, die letzte Nacht in der Heimat — wer weiß, ob nicht für immer. In den frühen Morgenstunden fanden sich die Schergen ein, die aus den Häusern zu jagen begannen. Den Leuten, bei denen ich wohnte, gelang es, gegen beträchtliche Bezahlung, einen ruthenischen Bauern dazu zu bewegen, unsere Habseligkeiten auf seinen Wagen zu laden und bis zu der Bahnstation zu fahren, wo wir — wie man uns sagte — ,,einwaggoniert" werden sollten. Es erwies sich, daß auch eine Reihe anderer jüdischer Familien auf denselben Gedanken gekommen waren: zu versuchen, zumindest einen noch so geringen Teil ihres beweglichen Hab und Guts für diesen Weg ins dunkle Unbekannte zu retten. Die rumänische Behörde, die ursprünglich das Mitnehmen von Gepäck verboten hatte, drückte angesichts der in den Gassen Wischnitz' nun aufgetauchten Fuhrwerke ein Auge zu. War dies ein letzter Tropfen von Menschlichkeit in den Herzen der rumänischen Funktionäre, die jahrelang mit den jüdischen Einwohnern dieselbe Luft, die würzige Bergluft Wischnitz', geatmet hatten? Oder war es der Gedanke, daß die mit dem Treiben beauftragten Gendarmen sich von dem auf den Fuhrwerken befindlichen Gut für ihre ,,Mühe" würden entlohnen können?

Am späten Vormittag des 13. Oktober 1941 setzte sich der triste Konvoi in Bewegung. In dumpfem Schweigen trotteten wir hinter den Wagen. Die christlichen Einwohner (Ruthenen) fanden sich zahlreich als Zuschauer des ungewöhnlichen Zuges ein, manche verwundert, doch die meisten sichtlich belustigt und erfreut. Sie wußten: Hunderte von verlassenen Wirtschaften und Häusern würden ihre Beute werden. Jedenfalls war es für sie ein neues und interessantes Schauspiel. Gar nicht neu aber war dieses Schauspiel für die Geschichte. Die jüdische Geschichte spielte da der Welt eine Weise vor,

die, seit der Verschleppung nach Babylon, ihre große Spezialität —
ihr Leitmotiv — geworden zu sein scheint.
Um drei Uhr in der Nacht machten wir halt. Wir waren im Städtchen
Waschkoutz angelangt. Dort fanden wir bereits in einem großen Kinosaal eine Menge Juden vor, die vor uns hieher getrieben worden waren.
Vor Erschöpfung vom 15stündigen Sich-Daherschleppen im Konvoi
sowie von der schwülen Hitze im Kinosaal ohnmachtete ich. Man trug
mich in den Hof hinaus, wo die Wagen zusammengepfercht standen.
An der kalten Luft kam ich zu mir. In den Kinosaal ging ich nicht mehr
zurück. Den Rest der Nacht verbrachte ich unter freiem Himmel.
Dienstag früh, am 14. Oktober, setzte der Regen ein. Die Wagen fuhren los und wir, in traurigem Zug, dahinter. Wir zogen durch die Gassen der Ortschaft. Waschkoutz war bereits ohne Juden . . .
Der Konvoi erreichte den Pruthfluß. Hier, am sogenannten ,,Perom'' (Fähre), entstand ein furchtbarer Wirrwarr aller Wagen, die
sich drängten, so rasch als möglich hinüberzukommen, so als würde
man drüben das Ende des Treibens erwarten. Doch drüben ging das
Treiben weiter. Am Vorabend war man in Nepolokoutz angelangt,
der nördlichsten Eisenbahnstation der Bukowina. Hier begann die
Pein erst recht: wir wurden in Viehwaggons gepfercht — durchschnittlich 60 Personen per Waggon. Dienstag verbrachten wir die
erste Nacht einige Grade unter tierischer Existenz. In Schmutz und
Greuel ging es so weiter bis Donnerstag, den 16. Oktober, zu Mittag,
als unsere Viehwaggons in Ataki am Dnjestr halt machten. Wir befanden uns auf dem Boden Bessarabiens.
Am Vorabend wurden wir ,,auswaggoniert''. Unsere Lumpen, unsere Bündel und wir wurden aufs freie Feld, das sich hinter der Bahnlinie weithin erstreckte, hingeschmissen. Hier mußten wir die Nacht
zubringen. Es war naß und kalt. Bitterkalt. Frauen und Kinder weinten oder wimmerten, die Alten stöhnten. Wir Wischnitzer waren
nicht die ersten hier. Wir fanden hier bereits Leidensgenossen vor,
Juden aus Radautz, einer Stadt der Süd-Bukowina.
So lagen, lagerten wir, Wischnitzer und Radautzer Juden, auf dem
Gelände hinter dem Atakier Bahnhof in einer Länge, die sich weit
über einen Kilometer hin erstreckte. Da verbreitete sich plötzlich die
Nachricht, der Apotheker Strominger aus Radautz habe sich und

sein Kind vergiftet. Sollte man sein Beispiel nachahmen? Viele empfahlen es, doch die meisten bissen die Zähne zusammen und beschlossen: durchhalten. Ob dieser Beschluß richtig war, möchte ich heute bezweifeln.

Nach einer nichtendenwollenden, durchwachten Nacht, in Nässe und bissiger Kälte, kam endlich der Morgen des 17. Oktober. Wir schleppten uns und unsere Bündel in die ,,Stadt" Ataki, d. h. in das, was einmal ein Städtchen dieses Namens, mit hauptsächlich jüdischer Bevölkerung, gewesen war. Von Ataki waren nur noch Ruinen zu sehen, die Ortschaft war menschenverlassen.

Zwei Tage und zwei Nächte, den 17. und 18. Oktober, mußte ich und die Familie, mit der ich nun Leid und Schicksal teilte, mit einem Plätzchen unter freiem Himmel hinter der Mauer der zerstörten Synagoge vorlieb nehmen. Wir boten, Wischnitzer und Radautzer Juden, das Bild eines Lepralagers. Schon hier begann das Sterben en masse. Alle paar Minuten wurde die Todesbahre vorbeigetragen. Das entsetzliche Geschrei der Betroffenen rief höhnisch-vergnügtes Grinsen der herumstolzierenden rumänischen und auch deutschen Soldaten hervor. Ein deutscher Soldat machte mir gegenüber die Bemerkung, die ich nicht recht verstand, die sich mir aber eingeprägt hat: Ja, ja, wir Deutschen haben zwar den Krieg verloren, aber ihr Juden auch . . .

Nach zwei Tagen gelang es den Meinen in einer Ruine ein Winkelchen zu ergattern; es gab zwar hier keinen Fußboden, keine Fenster und überall herum lagen Dreckhaufen. Doch hatten wir zumindest ein Dach über unseren Köpfen.

Hier, in Ataki, war der Übergangspunkt in die Ukraine, bzw. in das Gebiet der Ukraine, zwischen den Flüssen Dnjestr und Bug, das unter dem Namen ,,Transnistrien" — wie wir erfahren konnten — von Hitler den Rumänen als Verwaltungsgebiet übergeben worden war, als Belohnungsvorschuß für die Teilnahme der rumänischen Armee an der Seite der in Rußland kämpfenden Deutschen. Dorthin also, nach Transnistrien, ging das Treiben weiter.

Täglich wurden Gruppen der im Kot Atakis Herumliegenden oder in seinen Ruinen auf den Bündeln Liegenden zum Aufbruch, zum

Dnjestr getrieben, um wieder über einen ,,Perom" (Fähre) hinübergeschafft zu werden. Über das, was sich an diesem Perom zutrug, berichtete man gar nichts Erfreuliches: wer sich beim ,,Einschiffen" nicht flink genug anstellte, wurde von den deutschen Soldaten, die diese ganze Prozedur überwachten, ins tiefe Wasser des Dnjestr hineingestoßen, wobei den zu schwimmen Versuchenden auch noch nachgeschossen wurde.

Die Habseligkeiten, die man, unter Aufbietung der letzten Kräfte mit sich bis hieher mitgeschleppt hatte, wurden, hauptsächlich von den rumänischen Soldaten und Zivilisten, gründlich durchwühlt. Es wurde hauptsächlich auf Wertgegenstände Jagd gemacht. Diese wurden ,,konfisziert". Urkunden und insbesondere Studienpapiere — Schul- und Hochschulzeugnisse, Diplome u. ä. — erlitten dasselbe Schicksal. — Der ,,zivile Tod" — die Rumänen nannten es triumphierend: ,,moartea civilă" — sollte so schon diesseits des Dnjestrs das Vorspiel, die symbolische Ankündigung dessen sein, was uns drüben erwartete, das Auslöschen unserer Identität als menschliche Individuen.

Das Herumliegen auf unseren Bündeln im Atakier Dreckloch war für meine Leute gewiß kein Vergnügen. Doch schreckten die Nachrichten vom ,,Perom", und so hielten wir es dort bis Donnerstag, dem 23. Oktober, aus. Jeder Tag schien ein Gewinn zu sein. Das absurde Hoffen auf ein Wunder, das ja auch schon in der Schreckensnacht auf dem Atakier Bahnhofsgelände den Entschluß zum Durchhalten inspiriert hatte, dieses absurde Hoffen hatte sich anscheinend ins Unterbewußtsein eingenistet. Gegen Hemden und Kleidungsstücke erstanden wir bei den in die Ortschaft aus der Umgebung kommenden Bauern etwas Brot und eine Zwiebel dazu.

Doch die Schergen trieben auch mich und meine Leute, am 23. Oktober, zum ,,Perom". Es war gut, daß wir darauf seelisch vorbereitet waren. So betrachteten wir es als ein wahres Glück, daß wir bloß mit ein paar Kolbenstößen davongekommen waren und es uns gelungen ist, unsere Bündel den Dnjestr hinüberzuschaffen.

Am Vorabend des 24. Oktober betraten wir den Boden der ukrainischen Stadt Mogilew, gelegen am linken Dnjestrufer, Ataki gegenüber. Wir waren nun in Transnistrien „gelandet". Kaum waren wir der Fähre entstiegen, da stürzte auf uns ein rumänischer Feldwebel (plutonier) los. Er empfing uns mit grobem Johlen und einer Flut von Beschimpfungen, die lexikalisch die zwei Hauptbestandteile seiner Seele widerspiegelten: Obszönität und Antisemitismus. Dabei schlug er mit einer Peitsche wütend drauflos, auf Jung und Alt, ohne Bevorzugung irgendeines Körperteiles. „Ihr sollt ja nicht", brüllte er, „versuchen, in die ‚Stadt' zu entkommen, gehet direkt ins ‚Restaurant'!"

Rumänische Soldaten sorgten dafür, daß wir dieses Verbot ja nicht mißachteten, und trieben uns in das besagte „Restaurant", das in Wirklichkeit alles andere als ein Restaurant war. Als wir dieses „Restaurant" betraten, bot sich uns ein schauriger Anblick dar.

Ein ziemlich geräumiger Saal sah wie ein Kehrichthaufen aus, nur daß auf diesem Kehrichthaufen auch Menschen herumlagen. Einige stöhnten in Agonie — es war dies sichtlich ihre letzte Lebensstation —, andere waren bereits tot und wurden von den noch Lebenden mit den Füßen zur Seite geschoben... Auch einige Verrückte „belebten" das Bild...

Das Entsetzlichste aber war der Pestgeruch, der wahrscheinlich von den Leichen herrührte. Wir erfuhren langsam, daß dieses „Restaurant" Bestandteil, sozusagen erste Etappe des Mogilewer „Lagers" war. In derartigen „Lagern" auf dem rumänischen Verwaltungsgebiet „Transnistrien" — dies erfuhren wir — sollten die Juden der Bukowina und Bessarabiens „interniert" werden. Auch das noch erfuhren wir von den Insassen des „Restaurants", daß es manchen Geschickten und noch Kräftigen schon mal gelungen sei, aus dem „Restaurant" zu entkommen und irgendwo in der Stadt Unterschlupf zu finden, wo es vermutlich nicht so schrecklich sei wie in diesem grauenvollen „Restaurant".

In der Nacht unternahmen auch meine Leute den Versuch, aus dem „Restaurant" zu flüchten, und es gelang uns, von den Soldaten unbemerkt, in einem vor Soldaten versteckten Hof, unter einem Dach Unterschlupf zu finden. Doch nur allzubald merkten wir unseren Irrtum. Es stellte sich heraus, daß unser Schlupfwinkel zum Rathaus gehörte; mit Kolbenstößen und Fußtritten wurden wir zurück ins „Lager" getrieben, das heißt ins „Restaurant". In der nächsten Nacht wiederholten wir unseren Fluchtversuch, hatten diesmal mehr Glück und fanden Aufnahme bei einer Mogilewer jüdischen Familie. Es war dies eine der wenigen jüdischen Familien, die nicht mit den abziehenden sowjetischen Behörden ins Innere des Landes geflüchtet waren und deren Behausungen durch die Kriegshandlungen nicht zerstört worden waren.

Die rumänisch-deutschen neuen Machthaber hatten jedoch die Aufnahme der Vertriebenen seitens der Mogilewer Stadtbewohner aufs strengste verboten. Um das Leben dieser jüdischen Familie nicht zu gefährden, übersiedelten wir am nächsten Tag in eine leerstehende Ruine, ein schmutziges, finsteres Loch, das den Vorteil zu haben schien, vor den Augen der Soldaten, die überall nach versteckten Juden herumschnüffelten, verborgen zu bleiben.

Hier, in dieser Höhle, verbrachten wir einige Tage in Verhältnissen, die uns an Steinzeit und Troglodyten denken ließen.

Hie und da wagten wir uns auf die Gasse hinaus. Überall wimmelte es von Vertriebenen, die auf den Gehsteigen herumlagen, auf ihren Bündeln kauernd, oder sich von Ort zu Ort schleppten. Die Soldaten und Behörden schienen nicht mehr Herr der Lage zu sein. Wir erfuhren, daß die neuen Herren der Stadt zwar das Verbleiben von Juden in Mogilew prinzipiell untersagten — die hieher vertriebenen Juden sollten auf verschiedene Lager im Bereiche Transnistriens aufgeteilt werden —, daß aber gegen gute Bezahlung provisorischer Aufenthalt in Mogilew selbst gewährt wurde. Das Verbleiben in unserer Troglodytenbehausung wurde allmählich unerträglich. Für den „legalen" Aufenthalt in Mogilew zu bezahlen, reichte es indes auch nicht. So taten wir uns, eine Gruppe Wischnitzer Landsleute, zusammen, mieteten einige Wagen, und unter der Führung einiger Gendarmen, die sich dafür bezahlen ließen, ging nun die Wanderung weiter. Das Ziel unseres Trecks war, wie uns mitgeteilt wurde, die Ortschaft Dschurin, etwa 50 Kilometer östlich von Mogilew, wohin uns die Mogilewer Zentralstelle einwies.

Die uns treibenden Gendarmen waren nicht die allerschlimmsten, ein fetter Bakschisch hatte sie fast menschlich gestimmt. Doch grausam und erbarmungslos erwies sich das Wetter. Die Gendarmen wollten sich ihre Nachtruhe nicht nehmen lassen; sie schliefen in Bauernhäusern; wir aber mußten zwei Nächte bei Frost und erbarmungslos niederprasselndem Schnee auf freiem Feld, mit Frauen und kleinen Kindern, zubringen. Die Qual und Pein dieser Nächte zu beschreiben, vermag ich nicht. Wenn ich jetzt an diese zwei Nächte zurückdenke, muß ich unwillkürlich an die Worte jenes Gebetes denken: ,,Lieber Herrgott, gib mir keine Gelegenheit zu entdecken, was ich alles imstande bin, zu ertragen . . ."

Dienstag vorabends, am 11. November, erreichten wir endlich Dschurin. Hier sind wir nun schon 18 Tage.

Dschurin ist ein armseliger Marktflecken. Zwar ragt am Eingang des Ortes ein mächtiger Schornstein einer Zuckerfabrik in die Höhe. Doch die Fabrik ist jetzt nicht mehr in Betrieb. Die Sowjets haben wahrscheinlich bei ihrem Abzug die Fabriksanlagen zerstört. Doch auch als die Fabrik im Gange war, scheint sie den Einwohnern — Ukrainer und Juden — keine großen Reichtümer gespendet zu haben. Warum die Juden nicht mit den Sowjets weggezogen sind, haben wir bis jetzt noch nicht in Erfahrung bringen können.

Die windschiefen Häuschen — ausgesprochene Kriegsspuren sieht man hier nicht — bieten schon von ihrem Äußern her, und noch mehr im Inneren, ein Bild der Armut und äußerster Primitivität.

Die Habseligkeiten, die wir, oft unter Gefährdung des Lebens, bis hieher mit uns mitgeschleppt haben, erweisen sich jetzt als lebensrettend. Wer was anzubieten hat — Schuhwerk, Hemden, Kleidungsstücke — konnte bei den — meistens ukrainischen — Einwohnern Einlaß finden.

Freilich, mehr als vier nackte Wände sind es gewöhnlich nicht. Aber auch das ist schon viel; denn wer nichts zu bieten hatte, mußte in die ,,Schil" (Synagoge) gehen. Diese ,,Schil" ist etwas Entsetzliches. Es ist fast eine Dschuriner Reproduktion des Mogilewer ,,Restaurants", dessen Erinnerung uns einen Schauder über den Rücken laufen läßt.

Es sei noch erwähnt, daß, wenn auch nur wenigen, das Glück im Unglück zufiel, in den, wenn auch sehr ärmlichen, Wohnungen von Dschuriner Juden eine warme, gastfreundliche Unterkunft zu finden. Besonders rühmlich sei hier des Dschuriner ,,Ruws" (Rabbiners) Erwähnung getan, eines frommen, seelenguten Juden, der, wo er nur konnte, den Neuankömmlingen zu helfen suchte. Doch jüdische Wohnungen gab es da nur gar wenige, und inzwischen waren an die 3000 bukowiner und bessarabischer Juden nach Dschurin zusammengeströmt. Die Unglücklichsten mußten — was blieb ihnen übrig — mit der ,,Schil" vorliebnehmen ...

Sonntag, 28. Dezember 1941

Der einzige, der sich freuen würde, uns hier zu sehen, wäre Jean Jacques Rousseau. Kaum könnte man gründlicher sein ,,Zurück zur Natur" verwirklichen, als wir es hier tun.
Allen Ballastes menschlicher Hyperkultur haben wir uns entledigt. Weg sind: Seife, Schuhpasta, Butter, Milch, Fett, Fleisch und dergleichen Dinge mehr. Elektrisches Licht gibt es natürlich hier nicht, und auch Petroleum für eine Lampe ist hier nirgends zu kaufen, wie es ja hier überhaupt keine Krämerläden vorhanden sind.
Wir bitten Gott um unser im strengsten Sinn wörtlich zu nehmendes tägliches Brot, und wer noch was zum Tauschen anzubieten hat, hat die Chance, in diesem Gebet erhört zu werden.
Es wäre im allgemeinen eigentlich nicht zu klagen, wenn man bedenkt, daß wir bis heute jeden Tag aufgestanden sind und trotz der bittersten Kälte uns dennoch lebendig auf unseren Schlafstätten — aus Brettern primitiv gezimmerten Pritschen — vorgefunden haben.
Ein großes Übel ist nur da und das vergällt uns die ganze Freude. Wie ein Damoklesschwert hängt über uns die Drohung weiterer Wanderung, weiteren Getriebenwerdens bei Frost und Schnee.
Gerüchte von einem Weitertreiben wollen nicht verstummen. So ist vor zwei Tagen hieher die Nachricht überbracht worden, daß unsere

Leidensgenossen aus Lutschinetz um zwei Uhr in der Nacht aus ihren Behausungen ausgehoben und vertrieben worden sind. Ähnliches wurde auch aus Spikow berichtet. Überbringer dieser Nachrichten sind natürlich nicht die Dschuriner Juden, die fürchten, den Ort zu verlassen. Es sind dies Ukrainer, die nach Dschurin aus der Umgebung kommen und mit denen wir karge Lebensmittel gegen Textilien eintauschen.

Sonntag, 4. Jänner 1942

Parallel mit dem Austausch materieller Güter zwischen uns und den einheimischen Bauern — man nennt das hier ,,meniajen'' — hat sich ein noch regerer Austausch ,,geistiger'' Güter entwickelt. Die ukrainische Bevölkerung, deren Bewegungsfreiheit, zum Unterschied von der unsrigen, ja nicht eingeschränkt ist, bringt uns aus den umliegenden größeren Zentren rumänische Zeitungen mit, und so erfahren wir manches über den allgemeinen Gang der Ereignisse, wenn auch oft in verzerrter, entstellter Form, da nur wenige von uns die schon von zu Hause aus nicht wahrheitsfanatischen Zeitungen zu Gesicht bekommen und wir anderen die schon an sich problematischen Zeitungsnachrichten mit nicht weniger problematischen Interpretationen und Umdeutungen seitens der direkten Leser überbracht bekommen. Die so mitgeteilten Nachrichten erleiden dann bei den Unsrigen, auf ihrem beflügelten Weg von Mund zu Mund, einen weiteren Prozeß der Überarbeitung und Neudeutung, und zwar dies gewöhnlich im Geiste unserer alten Propheten.
Der tröstende Geist der Propheten äußert sich insbesondere in den sogenannten ,,Jeschieh''-(Erlösungs-)Nachrichten. So gab es in der Zeitung vom 24. Dezember 1941 — wie uns berichtet wurde — die Nachricht von der Abberufung des Generals Brauchitsch. Dies — versicherten unsere Jeschiehverkünder und Ipaisten — sei der Beginn der ,,Erlösung''.

Was „Ipaisten" sind?
Die Ipa (= Jüdische Plotkes/Gerüchte/Agentur), das ist unsere ungedruckte, von Mund zu Mund propagierte Zeitung, und ihre Träger und Urheber sind die Ipaisten.
Einen Ipaisten (Urheber und Schöpfer einer Ipa-Meldung) leiblich zu Gesicht zu bekommen, ist, glaube ich, bis jetzt niemandem gelungen. Doch ist der Ipaisten anonymes Wirken für uns hier bestimmt nicht ohne Bedeutung.
Im allgemeinen erfüllt die Ipa die Rolle, die Nacht mit dem Tag zu verknüpfen, die Traumseligkeit der Nacht unmerklich in den Tag hinübergleiten zu lassen. Die Ipa — das ist träumen mit offenen Augen, wie andererseits ein Traum als eine Ipa bei geschlossenen Augen definiert werden könnte. Derselbe Urstoff gebärt bei vertikaler Lage die Ipa, bei horizontaler — die Träume. Dabei könnte vielleicht die Meinung aufkommen, die Ipa-produktion schläfere ein — nichts Falscheres als dies. So stelle ich bei mir — und so auch die meisten hier — in letzterer Zeit eine Verschärfung des Gehörsinns fest. Es will jeder die gewissen Geräusche (der zurückweichenden deutschen Front) gehört haben, die die „Jeschieh" ankündigen. Denn dies ist doch jedem einsichtig, daß sie zuerst hörbar sein muß, bevor sie sichtbar wird . . .
Natürlich gibt es auch unter den Unsrigen Rationalisten, trockene Vernunftphilister, die jedem Schall eine banale, prosaische Ursache unterschieben möchten. Wie sich im allgemeinen eine Gruppe von Ipa-Gegnern herauskristalliert hat, die man verächtlich die „Pessimisten" nennt. Einen solchen Ipa-Opponenten versuchte ich neulich zur Rede zu stellen.
Ich: „Warum sind Sie, Herr Rennert, gegen die Ipa-Produktion ablehnend eingestellt?"
Pessimist: „Wissen Sie, wenn Sie dem blöden Volk die ‚Jeschieh' für den 6. Januar prophezeien (was unsere Ipa-isten jetzt gerade tun), so verzehrt es schon im voraus die ganze Freude darüber; die Vorfreude — wie es ja schon seit jeher zu sein pflegt — verschlingt und vernichtet die Freude. Sie müssen nämlich wissen, daß sich die Wirklichkeit wie ein originalitätshaschender Künstler aus der Vorkriegszeit gebärdet:

sie wird nie das wirklich werden lassen, was sich so ein armer Menschenwurm in seiner vorausgreifenden Phantasie vorgegaukelt hat. Sie gefällt sich gerade darin, schadenfroh das Gegenteil dessen eintreten zu lassen, um sich an der Enttäuschung des Phantasten weidlich zu ergötzen.
Deshalb beginnt mir das Herz vor Schreck zu klopfen, sobald sich eine Flut von ‚Jeschieh-Ipas' über das Volk hier ergießt — ich zittere dann vor der Katastrophe, die da kommen muß."
Ich: ,,Sagen Sie dann, bitte, Herr Rennert, wie stellen Sie sich dann die Möglichkeit einer ‚Jeschieh' vor, wenn Sie überhaupt an eine solche glauben?"
Pessimist: ,,Die ‚Jeschieh', wenn sie überhaupt kommt — ich will nicht sagen, daß sie niemals kommen kann —, wenn die nicht auszuschließende ‚Jeschieh' kommen sollte, dann nur, wenn sie niemand hier mehr erwarten wird. Sie wird nur auf dem Boden der höchsten Verzweiflung erblühen."
Ich: ,,Sie sagen ‚Verzweiflung'. Da aber muß ich mich über Sie wundern. Finden Sie denn nicht auch, daß die Ipa-Schöpfung eine Pflanze ist, die auf keinem Boden so üppig blüht wie auf dem des Jammers und der Verzweiflung? Ist denn nicht dieses Wuchern unserer Ipa hier schon an und für sich Ausdruck unserer tiefsten Verzweiflung?"
Pessimist: ,,Auf psychologischer Ebene könnten Sie wohl recht haben. Doch vom Standpunkt dessen, was real ist und geschieht, kann ich nur eines sagen: »Die vorausgesagten ‚Jeschiehs' treffen nie ein«."
Das Paradoxe an diesen Pessimisten ist jedoch die Feststellung, daß auch sie, in letzter Linie, zur Ipa-Produktion greifen müssen. Auch sie verbreiten Ipas, bloß mit dem Unterschiede, daß ihre Ipas mit dem Minuszeichen versehen sind, also Katastrophen-Ipas, wie die bereits erwähnte über ein bevorstehendes Weitertreiben.
Ihre Negativ-Ipas sind dazu bestimmt, im Sinne der obdargelegten ,,Ideologie", die nötige Verzweiflungsstimmung zu schaffen, die Aufgabe jeder Hoffnung, aus der die ,,Jeschieh" erwachsen soll.
Was aber noch paradoxer ist: Auch die Pessimisten bemühen sich, täglich eine größtmögliche Portion von Plus-Ipas in sich aufzuneh-

men, was — wie mir scheint — der Beweis dafür ist, daß auch sie, die Schwarzseher, im Grunde ihres Herzens ihren Gegnern, den ,,Jeschieh''-Propheten, für deren unermüdliche und unbeirrbare Ipa-Produktion zutiefst dankbar sind . . .

Montag, 12. Januar 1942

Elf Nächte des neuen Jahres, eines Jahres in der Atmosphäre von Sterben und Vernichtung, sind nun überstanden. Nächte — denn von Tagen kann keine Rede sein. Gegenüber der ewigkeitsträchtigen Länge der hier verbrachten Nächte scheint der Tag nicht zu zählen. Wir führen eine Nachtexistenz.
Existenz? Worin besteht sie eigentlich? Im Lechzen. Hier in der Wüste ist dieses Wüstenwort Inbegriff all dessen geworden, was in uns noch von Seele geblieben ist. Wir lechzen nach einem warmen Bad, nach einem Stückchen Seife, nach einem warmen Zimmer, einem warmen Bett, nach der Freiheit, der verlorenen.
Was wir da alles erdulden (,,erleben'', wollte ich schreiben, aber wäre das nicht ein Mißbrauch des Wortes ,,Leben''?), sollte eigentlich nicht beschrieben, sondern in die Gehirne eingeritzt werden. Denn selbst wenn wir — was kaum glaubhaft erscheint — all dies überleben, wenn also die sogenannte ,,Jeschieh'' dennoch — wenigstens für einige von uns — kommen sollte, dann wäre es das Unvernünftigste, diese ,,Jeschieh'' als Schlußpunkt, als Happy-End der Leiden anzusehen.
Unsere Qualen, die uns sinnlos auferlegt wurden, wären sinnlos ertragen worden.
Zeit gibt es genug. Wir sollten sie zum Nachdenken gebrauchen. Warum und wozu dieses Leiden? Wir Menschen tun uns viel darauf zugute, daß wir, zum Unterschied vom Tiere, Gedächtnis besitzen. Wenn dies nur wahr wäre! Wenn die Vergangenheit doch auch noch der Gegenwart was zu sagen hätte! Im Leben des Individuums wie in

dem der Menschengruppen, sprich Völker. Doch, o weh! Der Mensch lernt nichts aus seinem eigenen Leben. In ihm wird der Gedanke nie lebendig und wirksam, daß, was einmal geschehen ist, die Tendenz hat, sich zu wiederholen, und daß es eigentlich in seiner Hand läge, dieselben Fehler nicht zweimal zu begehen. Auch Völker leben an ihren Geschicken stumpf vorbei. Die ,,Geschichte" wird zu einer Zeit den Heranwachsenden vorgetragen, wo das noch unreife Menschenkind sie gar nicht verstehen kann, wo sie nur lästiger und langweiliger Schuldusel bleibt, während der erwachsene Mensch in der Geschichte nur selige Schulerinnerung erblickt, nicht aber Inspiration oder gar Richtschnur für sein Leben.

So kommt es, daß die Geschichte nur eine Reihe von sich wiederholenden Dummheiten und Grausamkeiten, von nichtendenwollender Vernichtung des Menschen durch den Menschen darstellt, und wollte jemand partout — wie manche Illusionäre behaupten — darin irgendwelchen Fortschritt herauslesen, so könnte er einen solchen nur in der fortschreitenden Zahl und Häufigkeit der Massenmorde sehen, in den sich periodisch wiederholenden Menschengemetzeln, die dann die Geschichte unschuldig und fromm ,,Kriege" nennt . . .

Montag, 19. Januar 1942

Daß wir zehn Personen in einem Raum hausen, hat jetzt auch sein Gutes. Ich merke es, wenn ich von draußen ins ,,Zimmer" trete. Hier ist es, dank der animalischen Wärme, dennoch wärmer als draußen. Dieser russische Frost verschlägt einem den Atem.

Ein Mann da draußen rühmte sich soeben vor mir seiner edlen Tat, er habe eine Frau, die zu Tode erfroren war, auf den Friedhof getragen, was sonst niemand tun wollte. Warum er sich der noch edleren Tat nicht rühmen könne, diese Frau vom Erfrierungstod gerettet zu haben, auf diese meine — zugegeben etwas freche — Frage erhielt ich eine arrogant-gebrummte, bärbeißige Antwort.

Der Frost steigt, das Sterben steigt, vor Kälte, vor Hunger oder Unterernährung, vor Typhus, der sich letztens hier machtvoll eingestellt hat. Die Ärzte unter den ,,Deportierten'' — d. h. die, die zu Hause Ärzte waren, jetzt sind ihnen ihre Arzt-Diplome bei den rumänischen ,,Perom''-Schergen geblieben — bemühen sich, ein Spital hier in der Wüste zu improvisieren, um die Typhus-Erkrankten wenigstens von den noch nicht Infizierten fernzuhalten.

Die ,,Jeschieh'' wird in immer kleineren Zeitdosen verabreicht, ja sogar von drei zu drei Tagen. Das Erlösungsbedürfnis ist so groß, daß die Tröster, die Verkünder der imminenten Rettung, die erst gestern bei barer Lüge ertappt wurden, heute bereits wiederum vollen Kredit genießen.

Freitag, 23. Januar 1942

Die Offensive des Frostes hält unvermindert an. Gestern ist eine neue Variante der Ipa aufgetaucht: Wir kehren in die Heimat zurück. Nicht aber in unsere früheren Wohnungen, sondern wir kommen in ,,Lager'', die auf dem Boden der Ortschaften — der heimischen Ortschaften — Wischnitz, Jedinetz und Sadagura errichtet werden. Diese neue Variante der ,,Jeschieh'' erscheint mir als Ausdruck bescheidenerer, herabgesetzter Ansprüche an die ,,Jeschieh'': ,,Wir wollen heim, und sei es auch nur in Lagern; ein Lager auf dem heimatlichen Boden, das ist *doch* was anderes.''

Als wir in den Sommermonaten des vorigen Jahres (Juli—Oktober) noch in der Heimat (in Wischnitz) waren, und Wischnitz zum Ghetto, das unter Todesstrafe nicht verlassen werden durfte, und zugleich zum Zwangsarbeitslager erklärt worden war, wo man uns die schäbigsten und sinnlosesten Arbeiten zu verrichten zwang, da gab es ja auch ein permanentes Hoffen, es werde bald die ,,Jeschieh'' kommen. Heute soll nun die ,,Jeschieh'' darin bestehen, daß wir dorthin zurückkehren, wo auf die Jeschieh, auf die Errettung vom unerträglichen rumänischen Terror gewartet wurde. Irgendwie, scheint es jetzt, war in der ,,Heimat" dieses Warten erträglicher, geduldiger, aussichtsreicher. Die ,,Jeschieh", die heute hier in Dschurin erwartet wird, ist also bloß eine Verschiebung des Ortes, der Haltestelle, an der die ,,Jeschieh" erwartet werden soll.

,,Wie finden Sie diese neue Ipa von unserer Rückkehr nach Wischnitz in ein dortiges Lager?" fragte ich Herrn Rennert.

Herr Itzie Rennert, unser sympathischer Nachbar, ein Landsmann, der mit uns denselben Leidensweg mitgemacht hat, ist mein idealer Diskussionspartner. Wiewohl wir, im Grunde genommen, meistens dieselbe Anschauung teilen, versteht es Herr Rennert immer meisterhaft, sich in die Positur des Widersprechenden zu setzen. Dadurch wird die Diskussion angekurbelt, das Gespräch erhitzt sich, die Gemüter erwärmen sich, und durch diese innere ,,Heizung" wird irgendwie Ersatz geschaffen für die so mangelhafte äußere Zimmer-Wärme.

Rennert: ,,Wie ich diese neue Ipa *finde*? Ich kann Ihnen nur sagen, was ich, wenn ich dies höre, dabei emp-finde." (Herr Rennert hat manchmal eine Vorliebe für nicht besonders gelungene Wortspiele.)

,,Meinetwegen, also, was empfinden Sie dabei?"

,,Ein Gefühl der Verachtung und des Abscheus für die Gesinnung, die in solchen Sehnsüchten zum Ausdruck kommt. Welch ein Mangel an Ehrgefühl, an Gefühl für Menschenwürde!"

,,Ich verstehe Sie nicht, Herr Rennert. Was hat denn diese Ipa mit Ehrgefühl zu tun?"

,,Gestatten Sie mir, damit Sie mich verstehen, einen kleinen historischen Exkurs.

Vor etwa 450 Jahren erlebten schon unsere jüdischen Vorfahren so eine Vertreibungsgeschichte. Ich meine die Judenvertreibung aus Spanien im Jahre 1492. Auch jene Vertreibung war kein Musterbeispiel von Humanität, zugegeben. Aber etwas ganz Ungeheuerliches war das spanische Vorgehen gegenüber den Juden dennoch nicht. Die spanischen Herrscher wollten einen religiös-einheitlichen Staat. Dadurch meinten sie, ihre Macht konsolidieren zu können. Sie verlangten deshalb von den Juden, zum Christentum, also zur Staatsreligion überzutreten, um so ihren Beitrag zur geistigen Vereinheitlichung der spanischen Monarchie zu leisten.

Gewiß, heute sind wir ‚fortgeschritten' (Gott strafe mich nicht für meine Worte), vom heutigen ‚fortschrittlichen' Standpunkt ist dies Gewissenszwang, Verletzung der Freiheit des Religionsbekenntnisses. Ja, aber damals war der Fortschritt ja noch nicht so fortgeschritten, und die Herren Professoren predigten zu jener Zeit von ihren Kathedern herab die lateinische Lehre: cuius regio, eius religio.

Dennoch benahmen sich die Spanier — wer könnte es leugnen — wie die wahrsten Gentlemen. Den Juden wurde die Wahl anheimgestellt: Christentum oder Wanderstab. Und um sich die Sache reiflich zu überlegen und eine Entscheidung zu treffen, wurde ihnen eine Bedenkzeit von drei Monaten eingeräumt; und als diese Frist um war, wurde sie um drei Tage verlängert.

Es wurde also von den Juden, im Grunde genommen, etwas verlangt, was sie tun oder lassen konnten. Und viele haben es übrigens auch getan; ja, ich weiß nicht — ich darf es Ihnen ja sagen, da der Wischnitzer Rabbi mich ja nicht hören kann und auch Sie mich, will ich hoffen, bei ihm nicht denunzieren werden —, ich sage, ich weiß nicht, ob das nicht das Klügste war, was damals alle hätten tun sollen . . .

Die Vertreibung aus Spanien war also etwas, das die Juden hätten verhindern können. Trotzdem — und hier zeigt sich, daß im Juden damals noch Ehrgefühl lebendig war —, als die Juden den Wanderstab ergriffen und Spanien den Rücken kehrten, erließen sie den bekannten ,,Cherem" (Bann) gegen die Glaubensgenossen, die je ins Land der Vertreiber zurückkehren sollten.

Bei unserem jetzigen Vertreiben, im modernen Zeitalter des ‚Fortschritts', wurde von uns Juden nicht mehr verlangt zum Christentum überzutreten, es wurde von uns *nichts* verlangt, an uns keinerlei Forderung gestellt. Es genügte die Feststellung des irreparablen Verbrechens, sich einen Juden zum Vater gewählt zu haben und sich am achten Lebenstag widerstandslos beschnitten haben zu lassen.

Es wurden uns keine drei Monate mit zusätzlichen drei Tagen zum Bedenken eingeräumt; es gab ja nichts zu bedenken. Es wurde nach altbewährtem Brauch gerade der jüdische Feiertag dazu auserwählt,

um uns durch ein Mark und Bein erschütterndes Trommeln zu verkünden, daß wir nach Ablauf von 24 Stunden all das verlassen müssen, was wir und unsere Eltern und Großeltern erworben und erarbeitet hatten. Um sich ja nicht dem Vorwurf der Inhumanität auszusetzen, erlaubten die Herren uns gnädig, Essen für sieben Tage mitzunehmen, das heißt, man gestattete uns generös, noch sieben Tage offiziell leben zu dürfen. Um uns die Wanderung zu erleichtern, wurde uns, auf der Linie derselben Generosität, dringend empfohlen, ja kein lästiges Gepäck mitzunehmen. Und war einer von uns doch so strapazierlustig und schleppte Gepäck mit sich, so wurde es ihm etappenweise abgenommen, bis wir hier, am Endziel der Wanderung angelangt waren (wobei dieses Endziel jeden Tag in Frage gestellt wird). All dies soll nun vergessen sein. Vergessen die Fahrt in den Viehwaggons, in Schmutz und Ersticken, vergessen die Nacht, wo wir aufs Feld vor Ataki hingeworfen wurden, wie man nutzlose Fetzen auf den Kehrichthaufen schmeißt, vergessen die entsetzlichen, schauderhaften Tage in Ataki, wo wir im Kot der Gassen unter freiem Himmel kampieren mußten oder uns in Drecklöchern versteckten, vergessen der ,,Perom'' am Dnjestr, wo Mütter mit ihren Kindern in den Ertrinkungstod hinabgestoßen wurden und wo, zur Belustigung der deutschen und rumänischen Soldaten, den mit dem Ertrinkungstod Ringenden noch Kugeln nachgejagt wurden, vergessen der Empfangsfeldwebel in Mogilew, der auf die Herübergekommenen, auf Frauen und Kinder, mit der Peitsche wie verrückt drauflosschlug, vergessen das Höllenrestaurant in Mogilew, mit seinen Leichen, mit seinen Verrückten und seinen elend Hinsterbenden, vergessen all die Niederträchtigkeiten und Bestialitäten, denen wir zuschauen konnten und die wir auch über uns ergehen lassen mußten; all das soll nun vergessen bleiben, nur zurück wollt ihr, ,nach Hause‘, und sei es auch nur in einem ,Lager‘? Pfui, tausendmal pfui über diese Würdelosigkeit, über diesen Mangel an elementarem Ehrgefühl!
Ein Bannfluch, tausendmal schärfer als zur Spanienzeit, sollte ergehen gegen jeden Juden, den es gelüsten sollte, auf den Boden dieser Menschenbestien, dieser Raubtiere, die sich mit Menschengesichtern maskiert haben, zurückzukehren!''

Ich: ,,Fast möchte ich da mit Charles Dickens ausrufen: ‚Mister Rennert, you're quite a powerful speaker!' Daß Sie sich in Ihren Ausführungen so sehr echauffieren, kann, bei der niedrigen Zimmertemperatur hier, für Sie gewiß ein Gutes sein. Doch Galgenspaß beiseite, meinen Sie etwa, es wäre besser, im Falle, daß der Russe uns die ‚Jeschieh', die Befreiung von den rumänisch-deutschen Bestien brächte — denn nur von ihm kann doch für uns hier diese ‚Jeschieh' kommen —, hier oder sonstwo im russischen Bereich zu bleiben? Wie die Sowjetrussen und ihr Heilsreich ausschauen, das ist uns ja noch in ziemlich frischer Erinnerung; hat der Sowjetrusse uns, Nordbukowiner und Bessaraber, ja ein Jahr lang, von Juni 1940 bis Juni 1941, eine Kostprobe seines unmenschlichen Regimes verabreicht, und der bittere Geschmack davon liegt uns noch allen auf der Zunge: der Geschmack von Sklavenarbeit, Sklavenlohn und Sklavenernährung, der Geschmack eines Regimes, gekennzeichnet durch die Herrschaft der zynischsten Lüge und Verlogenheit, des Spitzeltums und des Terrors.

Wohl wahr, daß wir im Sowjetjahr für die Wahl eines Juden zum Vater nicht verfolgt und bestraft wurden, wiewohl antisemitisches Gebaren, wie sowjetische Juden uns unter vorgehaltener Hand berichteten und auch wir es nicht selten merken konnten, den Sowjets durchaus nicht fremd ist. Aber ist es etwa humaner oder ethisch vertretbarer, einen für die Wahl eines ‚Burschuj' zum Vater zu bestrafen, oder dafür, daß man, vor dem Einmarsch der Russen — als man nicht ahnen konnte, es werde eines Tages ein Verbrechen sein —, selbst bemüht war, ein ‚Burschuj', ein wohlhabender Vater für das Wohlergehen der Kinder zu sein?

Uns Juden aus Wischnitz ist noch in schauerlicher Erinnerung jenes Ereignis im Juni vorigen Jahres, als die Russen, knapp vor ihrer Hals über Kopf feigen Flucht vor den Deutschen, sich noch Zeit nahmen, ahnungslose arme jüdische Familien in der Nacht zu überfallen und, ohne ihnen etwa 24 Stunden einzuräumen, sie innerhalb von Minuten aus ihren Häusern aushoben und nach Sibirien deportierten. Und durften diese unglücklichen Opfer sowjetischer Grausamkeit — deren angebliche Sünde, ‚Burschujes' zu sein, nicht etwa von den

Sowjets festgestellt, sondern von Professionsdenunzianten und ähnlichem Gesindel bezeugt worden war —, durften diese Opfer verwerflichsten Denunziantentums und kleinlicher Rachegelüste etwa mehr Gepäck mit sich mitnehmen als wir hier nach Transnistrien? Oder könnte jemand uns versichern, daß diese von den Sowjets entführten Juden aus Wischnitz es in Sibirien — vorausgesetzt, sie seien dort lebendig angelangt, was gewiß nicht sicher ist —, daß diese Juden es dort in Sibirien besser haben als wir hier? Wir nehmen es zwar an, weil wir uns nicht vorstellen können, man könnte noch ärger dran sein als wir hier. Aber wer weiß, ob sie es in Wirklichkeit um vieles besser haben als wir in Dschurin.
Ich wiederhole: Mir kommt vor, daß auch die Behauptung, im Sowjetreich gebe es zwar eine Klassen-, nicht aber eine Rassendiskriminierung, also keinen Antisemitismus, daß auch diese Behauptung nicht stimmt. Denn man muß sich fragen, wozu es gut war, wozu es getaugt hat, eine jüdische ‚Republik' Birobidschan ins Leben zu rufen? Wenn eine solche jüdische Republik auf der Krim, z. B., errichtet worden wäre, dann könnte man noch an die Lauterkeit der sowjetischen Absichten bezüglich einer jüdischen Republik glauben. Aber verdächtig muß es erscheinen, daß der sogenannte ‚autonome jüdische Bezirk' ausgerechnet am äußersten östlichen Rande Sibiriens errichtet wurde, dort, wo die niedrigsten Wintertemperaturen gemessen werden. Da liegt doch der Verdacht nahe, daß es sich eher um eine Stätte der Bestrafung, der Deportation für die Juden handelt, als darum, den Juden die Möglichkeit einzuräumen, sich national auszuleben.
Wer soll da glauben, daß ein Jude aus Odessa, Kiew, Moskau oder Leningrad diese Städte freiwillig verläßt und in ein wildes, Tausende von Kilometern entferntes, durch winterliche Rekordtemperaturen ausgezeichnetes Sibiriengebiet zieht, nur um dort nach Herzenslust jiddisch sprechen zu können?
Übrigens wird auch Ihnen gewiß aufgefallen sein, daß auch hier, in Dschurin, die Wohnstätte eines einheimischen Juden um vieles armseliger und elender aussieht als die eines Nichtjuden. Und wie stark auch heute noch, nach 25 Jahren Sowjetherrschaft, die antisemiti-

sche Gesinnung der Ukrainer ist, illustrierte neulich blitzartig die Äußerung des fünfjährigen Mäderls unserer ‚Chasiajka' (Hauswirtin), die von ihrem Besuch auf dem Friedhof folgendes berichtete: ‚Tam buly bahato liudej i schydy' (es waren dort viele Leute und auch — Saujuden). Kinder und Narren sprechen ja bekanntlich die Wahrheit (hier die Wahrheit über die unveränderte antisemitische Gesinnung des Sowjetmenschen auch noch nach 25 Jahren ‚Umerziehung')."
,,Entschuldigen Sie, wenn ich Sie hier unterbreche", fällt mir da Herr Rennert ins Wort, ,,aber Sie polemisieren hier schon die längste Zeit gegen eine Behauptung, die ich ja niemals gemacht habe. Sie rennen offene Türen ein, wenn Sie mich davon überzeugen wollen, daß auch der Russe nicht viel mehr unsere Liebe und Sympathie verdient als die Rumänen und die Deutschen. Und ich habe auch nicht empfohlen, im Falle einer ‚Errettung' durch die Russen, zum Dank, um die sowjetische Staatsangehörigkeit anzusuchen und sie mit einem Handkuß entgegenzunehmen.
Aber gibt es denn nur diese Alternative? Gibt es denn nicht noch ein Drittes für den Fall einer wahren ‚Jeschieh', den wir ja hypothetisch annehmen? Sollte man nicht etwa an die Lösung Palästina-Judenstaat denken?"
Hier mußten wir unsere Diskussion unterbrechen. Es sei ihm sitzend, sagte Herr Rennert, doch zu kalt geworden. Er müsse versuchen, durch Bewegung sein in den Adern erfrorenes Blut vielleicht doch noch aufzutauen.
,,Schön, mir geht's nicht besser. Wollen wir unser Gespräch ein nächstes Mal, wenn nur möglich, fortsetzen?"

Samstag, 31. Januar 1942

Herr Rennert: ,,Kennen Sie schon die allerneueste Ipakreation? Sie interessieren sich ja besonders für dieses Dschuriner ‚sozial-psycho-

logische Phänomen', wie Sie es, wie mir scheint, übertrieben gelehrt nennen. Deshalb müssen Sie es ja wissen: Welches sind denn eigentlich die Informationsquellen der Ipa?"
Ich: ,,Soviel ich feststellen konnte, bezieht die Ipa ihre Informationen hauptsächlich aus zwei Quellen. Es sind dies erstens Leute, auf die man sich verlassen kann und die ihre Nachrichten direkt von den ukrainischen Radiohörern geliefert bekommen haben, und zweitens ist es die Kongruenz dieser Nachrichten, ungeachtet der Verschiedenheit in der Person der Überbringer."
Rennert: ,,Sehen Sie, diese Informationsquellen sind sozusagen natürliche, diesseitige (Sie hätten wohl, glaube ich, als dritte Quelle die ‚schöpferische Phantasie' hinzufügen können). Neu nun ist, daß die Ipa jetzt auch schon das Jenseits in ihren Dienst eingeschaltet hat. Das verstehen Sie nicht? Also hören Sie! Sie kennen ja die Frau M. Die verstorbene Mutter der Frau M. — das ist das Allerneueste — ist ihrer Tochter im Traume erschienen, die Tochter hat ihrer lieben Verstorbenen ihr bitteres Leid geklagt, hierauf habe ihr die tote Mutter die tröstliche, frohe Kunde gebracht, sie, die Tochter werde in 72 Tagen nach Hause fahren.
Diese sensationelle Nachricht hat aber merkwürdigerweise nicht alle befriedigt. Der Mann der Frau M. selbst erklärt sich mit der Zahl 72 nicht zufrieden. Er hat sich nämlich hingesetzt und nachgerechnet, und was fand er da heraus? Der angekündigte Tag der ‚Erlösung' falle ausgerechnet auf den . . . 13. April. Wie kann an einem 13ten etwas Gutes geschehen?
Sie sehen, er verdächtigt also selbst den jenseitigen Informationsdienst aus der ‚Welt der Wahrheit' (‚Ojlom huemes'), daß er nicht vertrauenswürdig sei. Nun, eine kleine Umfrage meinerseits ergab, daß auch die nicht zur Familie der Frau M. Gehörigen mit dieser Botschaft der Jenseits-Agentur nicht zufrieden sind, da der Jenseits-Korrespondent nicht spezifiziert hat, ob die angekündigte Erlösung ausschließlich privat-familiärer Natur sei, beziehungsweise ob sie bloß die Südbukowiner betrifft, oder ob sie sich auf ‚Klal-Jisruel' (ganz Israel) erstreckt."
Ich: ,,Apropos ‚Klal-Jisruel', möchte ich auf unser voriges Gespräch

zurückkommen und zur Palästina-Lösung, die sie vorgeschlagen haben, Stellung nehmen."

Rennert: ,,Gehen Sie, gehen Sie! Was haben wir schon von unseren Gesprächen? Und wenn wir auch die glänzendsten Ideen hätten, wer hört denn schon auf uns, wem könnte das helfen?"

Ich: ,,Gewiß, das ist unbestreitbar. Praktischen Nutzen kann ‚Klal-Jisruel', wie Sie sagen, aus unseren Gesprächen zweifelsohne nicht ableiten. Auch für uns persönlich können wir bestimmt, mit unseren Gesprächen, keinen Rettungsgedanken aushecken. Denn wie könnten wir, und wenn wir auch noch so gescheit wären, aus dem Gefängnis hier entkommen und wohin?

Dennoch, will ich meinen, ist es nicht uninteressant, hier Geschehenes, Gehörtes und vielleicht auch Gedachtes zu besprechen, eventuell auch zu verzeichen.

Sie wissen doch, daß ich ein ‚Tagebuch-Dschurin' führe.

Denn unsere Lage hier, ungewöhnlich arg wie sie ist, verdient nicht, wie ich glaube, als etwas Geschichtsloses und Geschichtsunwichtiges im Schlund der Vergessenheit zu verschwinden. Die Geschichte unseres ‚Gules (Exil) Dschurin' soll, wie ich meine, auch zukünftigen Generationen etwas zu sagen haben.

Ich weiß nicht, ob der Herr Kunststadt aus Radautz — Sie kennen ihn ja — recht hat, wenn er sagt, daß derjenige von uns, dem das Kunststück gelingen sollte, all dies hier zu überleben, dereinst eine Medaille, eine Auszeichnung kriegen wird für ‚Widerstand und Tapferkeit vor dem .. Übel'. Immerhin, meine ich, wird es für die Überlebenden — ob wir es sein werden oder andere — gewiß nicht uninteressant sein, mal wo nachlesen zu können, wie wir durch die Wüste Dschurin hindurchgegangen sind und was wir uns dabei für Gedanken gemacht haben.

Sobald die Zimmertemperatur es nur zuläßt und meine eingefrorenen Gedanken etwas auftauen, bemühe ich mich deshalb, einige Striche unseres Dschuriner Lebens und Trachtens in diesem dicken Heft einzufangen. Dieses Heft ist der einzige ‚Wertgegenstand', den in Ataki, beim Übergang in dieses ‚Jenseits', die staatlich autorisierten Räuber, aus Versehen, mir belassen haben.

Am besten aber — zumindest in unserer Situation — denkt es sich laut und zu zweit. Wer mit sich selbst Schach spielt, gewinnt ja immer. Die Diskussion bleibt doch das beste Mittel, um gegen das ‚Immer-Gewinnen' gefeit zu sein. — Wenn Sie also bereit sind, wollen wir unser Gespräch fortsetzen über ‚Acharath Hajamim' — was zu tun sein wird, ‚am Ende der Tage', wenn die ‚Jeschieh' eines Tages doch noch auch nach Dschurin kommen sollte und ‚Gules Dschurin' zu Ende käme.
Für diesen Fall meinten Sie, Herr Rennert, sollte das Losungswort Palästina lauten."
Rennert: ,,Ja, das sagte ich. Oder kennen Sie vielleicht ein besseres Rezept?"
Ich: ,,Sie sagen Palästina und meinen gewiß einen dort zu errichtenden Judenstaat. Gewiß muß ich da sagen: wie schön, wie herrlich wäre es doch, wenn die Juden endlich, wie alle Völker dieser Welt, ihren eigenen jüdischen Staat besäßen. Wie würde das Herz eines jeden Juden höher schlagen, im Bewußtsein, endlich eine Heimat zu besitzen, ein Vaterland.
Doch wieviel ‚Aber', wieviel Zweifel türmen sich da vor dem Nachdenkenden auf. Als die Türken seinerzeit noch die Herren Palästinas waren, widersetzten schon sie sich hartnäckig der Errichtung, sei es auch nur eines autonomen jüdischen Gebildes auf dem Boden des Heiligen Landes.
Das perfide Albion, die Engländer, versprach zwar — und durchaus nicht aus purer Generosität — in einem nebelhaften, vagen, verklausulierten, völlig zu Unrecht umjubelten Dokument, in der sogenannten ‚Balfour-Deklaration', ‚in Palästina eine Heimstätte dem jüdischen Volk' einzuräumen, also nicht etwa den Juden Palästina, ganz Palästina, als Judenstaat, oder meinetwegen Palästina als nationale Heimstätte der Juden anzuerkennen. Listig-verschmitzt sprachen sie von einer ‚Heimstätte' — ein im internationalen Recht gar nicht existierender, völlig nebelhafter Begriff. Dabei sollte dieses nebulöse Gebilde ‚Heimstätte', *in* 'Palästina sein, was ja auch bedeuten konnte, bloß ein Winkelchen innerhalb Palästinas — eine Auslegung, zu der sie sich später zynisch offen bekannten.

Tatsächlich hatten wir Gelegenheit zu sehen, daß sich die Engländer, in puncto Palästina so wie der Zugposaunist verhalten haben. Dieser gibt bekanntlich einen Ton von sich und nimmt ihn sofort zurück. Auch die Engländer bedauerten nur allzu rasch, auch die nichtssagende Balfour-Deklaration erlassen zu haben und bemühten sich gleich danach, offen und versteckt, hauptsächlich mit für die Juden ganz schwarzen ‚Weißbüchern‘, der jüdischen Einwanderung in Palästina und dem Aufbau eines jüdischen ‚Nationalheimes‘ alle nur erdenklichen Hindernisse und Hemmungen in den Weg zu legen. Sie verhätschelten die arabischen Massen und ihre fanatischen Führer und scheuten auch nicht davor zurück, die Araber gegen die Juden zu Pogromen aufzuhetzen.

Und so erlebten wir, seit 1918, das traurige Schauspiel arabischer Pogrome, die den heiligen Boden Palästinas mit jüdischem Blut tränkten."

Rennert: „Was Sie aber nicht vergessen dürfen: Die Juden ließen sich dort ja nicht würde- und widerstandslos abschlachten; sie wußten sich zu verteidigen und schlugen ganz tüchtig zurück, was wir hier leider nicht taten und auch nicht tun konnten."

Ich: „Gewiß, das Verhalten, das mutige Verhalten der Juden in Palästina läßt manche Hoffnung zu. Es scheint nicht mehr ausgeschlossen, daß es den Juden dort gelingen könnte, dort eines Tages, wie Herzl es erträumte, einen Staat zu errichten. Es wäre dies eine Großleistung ersten Ranges, bedenkt man, welche enormen Schwierigkeiten überwunden werden müßten, um einen Staat zu errichten, der diesen Namen verdiente. Doch wäre ein solcher Judenstaat gewiß nicht minder bedroht und angefeindet als wir Juden es in der ‚Diaspora‘ sind. Denn die Juden sind ja, leider muß man sagen, nicht nur ein Volk, sondern auch eine Religion, und als solche einer tödlichen Konkurrenz ihrer Tochterreligionen ausgesetzt. Ein jüdischer Staat dürfte, aller Wahrscheinlichkeit nach, dem, wenn auch vielleicht nicht offenen, so doch bestimmt latenten Verdruß und Ingrimm der Christenheit ausgesetzt sein, da ja der Christ mit der Muttermilch den Judenhaß einsaugt und ihm als Kind das Dogma inokuliert wird, daß der Jude seinen Gott getötet habe und zur Strafe dafür der ewig wan-

dernde Ahasver sein müsse. Ein Judenstaat wäre ein Stachel im Fleische der Christenheit, quasi eine Widerlegung der christlichen Lehre. Und mit welchem Haß die Moslems, hauptsächlich von den Christen aufgehetzt, den Juden in Palästina begegnen, das hat ja die makabre Reihe der Pogrome in Palästina zur Genüge bewiesen.
Zugegeben — wenn den Juden die Errichtung eines Staates gelänge, so würde für sie das schändliche Schauspiel, das wir hier bieten, gewiß verschwinden. Sollten sie auch todbringend angegriffen werden, so würden sie, wie es einst der junge Lasalle wollte, die Angreifer mit sich in den Tod reißen, und diese Aussicht, nicht mehr risikolos wie hier und heute Juden umbringen zu können, würde die Angriffslust der Judenfeinde beträchtlich dämpfen, wie überhaupt die Existenz eines wehrfähigen Judenstaates eine brennende Ohrfeige für den Antisemitismus der Welt bedeuten würde."
Rennert: ,,Sie geben also zu, daß es schon deswegen allein eine gute Sache wäre, wenn es gelänge, einen Judenstaat zu errichten."
Ich: ,,Ich gebe zu, daß ein Judenstaat, vorausgesetzt, daß er kluge und tüchtige Führer hätte, als Zwischenlösung des Judenproblems zu begrüßen wäre. Doch könnte dies wirklich ein befriedigender Schlußpunkt sein? Das zu glauben, fällt mir schwer; diesbezüglich sehe ich mich irgendwie auf der Linie altjüdischer traditioneller Weltanschauung, auf der Linie altprophetischer Ideale."
Rennert: ,,Was unsere alten Propheten gegen einen Judenstaat einzuwenden hätten, sehe ich wirklich nicht ein."
Ich: ,,Lassen Sie mich Ihnen dies erklären: Nehmen wir an, wir hätten einen Judenstaat, wir hätten uns, wie die zionistische Theorie es als wünschenswert darstellt, ‚normalisiert'. Schön. Wir hätten es dann so weit wie die anderen Völker gebracht. Ich glaube aber, daß *der* sich nicht gegen die Wahrheit versündigt, der da behaupten würde, daß es gar so weit auch die anderen, die ‚normalen', staatlich organisierten Völker nicht gebracht haben. Und wenn wir darüber nachdenken, warum dem so ist, so glaube ich, ist es unschwer, den Grund herauszufinden.
Das Wesen des Staates — und das ist der Gedanken erster, was Staat und sein Wesen anbelangt —, das Wesen des Staates ist darin begrün-

det, daß .. es *den* Staat gar nicht gibt. Es gibt bloß *Staaten*. Der Staat existiert nicht in der Einzahl, sondern nur in der Mehrzahl. Während das Universum durch seine Einzigkeit und Einheit, durch sein Einssein gekennzeichnet ist, ist ‚der Staat' eine Erscheinung, die nur in der Vielfalt, in der Vielheit gegeben ist.

Das Universum, das eine, einzige Universum, beginnt nirgendwo, beziehungsweise überall, und endet nirgendwo, beziehungsweise überall. Nicht so der Staat, wie uns die Gegenwart und die Geschichte zeigt.

Der Staat beginnt an einer Grenze, und an dieser Grenze beginnt zugleich ein anderer Staat, der Nachbarstaat. Und solcher Grenzen, mit den dazugehörigen Grenznachbarn, gibt es ja mehrere, denn die Geschichte muß sich von der Geographie gefallen lassen, daß es die vier Himmelsrichtungen gibt. In diesen Grenzen steckt nun die ganze Seele des Staates, das Drum und Dran der Existenz des Staates.

Die Grenzen sind quasi die Mauer, hinter der und in deren Schutz der Staat seine Verteidigung gegen eventuelle Angreifer organisiert.

Und solcher eventueller, das heißt ja *möglicher* Angreifer gibt es, wiederum und normalerweise, gewöhnlich immer. Und zwar gibt es sie gerade wegen der Grenzen. Die Grenzen, mit denen der Staat *beginnt*, bedrohen ihn auch permanent mit dem *Ende*.

Die Grenzen sind ja, im Grunde, Linien, die nicht etwa die Vernunft und schon gar nicht ein Naturgesetz, sondern die reine Willkür gezogen hat. Sie sind das Resultat kriegerischer Eroberungen, beziehungsweise das Resultat des diplomatischen Ränkespiels, des diplomatischen Kuhhandels, vormals dynastisch-ehelicher Abmachungen. Der Sieger, der seine Grenzen weit in Feindesland hineingeschoben hat, kann sich gerade deshalb nicht mehr ganz behaglich und sicher in seiner Haut fühlen. Denn der Besiegte, der das verlorene Kriegsspiel mit dem Schrumpfen seiner ursprünglichen Grenzen bezahlt, richtet sein Sinnen und Trachten nur darauf, das erlittene ‚Unrecht' — dies besonders, wenn er das Opfer einer nicht provozierten Aggression war — zu tilgen, die alten Grenzen wiederherzustellen. Und so beginnt der Tanz um das goldene Kalb der Grenzen. Die Schulung und Vorbereitung der kampffähigen Jugend für diesen Tanz

33

nimmt verschiedene Formen und verschiedene Benennungen an: Aufrüstung, militärischer Drill, patriotisch-nationale Indoktrinierung und was sonst noch dazu gehört.
Kennen Sie, Herr Rennert, vielleicht den Eid der athenischen Epheben?"
Rennert: ,,So gebildet bin ich leider nicht. Was sind das für, wie sagen Sie nur, ‚Epheben', was ist das für ein Eid?"
Ich: ,,Also, soviel ich mich erinnere, wo gelesen zu haben, mußten die kriegsfähigen Jünglinge — das nämlich bedeutet das Wort ‚Epheben' — in Athen einen Schwur leisten, ja nicht ihren Nachkommen ein kleineres, territorial verkleinertes Vaterland zu hinterlassen, hingegen sich zu bemühen, es größer zu vererben, als sie es übernommen hatten.
Und da ja, in der heutigen Welt, die Epheben, die Jünglinge aller Staaten denselben Eid leisten, da der Staat A, wie weiland Athen, seine höchste und heiligste vaterländische Pflicht darin sieht, seine Grenzen auf Kosten des Staates B zu erweitern, der Staat B aber aus genau derselben patriotischen Pflicht heraus, seine Grenzen auf Kosten des Staates A auszudehnen sucht, um so ‚Lebensraum' zu gewinnen, oder um ‚verschobene' Grenzen wieder zurechtzuschieben, oder einfach um dem Angriff des Staates A zuvorzukommen — gemäß einer anderen antiken, altehrwürdigen Parole: si vis pacem, para bellum —, kommt — wieder ganz normalerweise — der Tag, wo der Tanz um die Grenzen sich in einen ‚danse macabre' verwandelt und die Epheben beider Länder, A und B, in ihrer patriotischen Glut aufeinanderprallen und sich gegenseitig heroisch hinschlachten.
So ungefähr, natürlich nur schematisch gezeichnet, sieht die ‚Normalität' der staatsbesitzenden Völker aus.
Und wenn wir Juden dieselbe Normalität erreichen, so winkt uns die Aussicht, als ebenbürtige Partner in dieses, zugegeben, hochinteressante und spannende Spiel, in das Spiel um die Grenzen, aufgenommen zu werden. Wir werden zwar dann auch noch getötet werden — wie gesagt, es ist mit der größten Wahrscheinlichkeit anzunehmen, daß die Tausende engagierter Judenfeinde in der ganzen Welt die Juden auch in ihrem Staat, und gerade aus Verdruß über die Existenz

eines Judenstaates, mit Krieg überzogen werden —, aber wir werden gewiß auch töten. Töten und getötet werden, getötet werden und töten. Finden Sie, daß dies die vernünftigste Lösung ist, die dem menschlichen Genius Ehre macht?
Ich muß gestehen, daß ich mich für diese Lösung nicht begeistern kann, denn sie läuft darauf hinaus, sozusagen homöopathisch, das Übel mit Übel zu bekämpfen, den Teufel mit Beelzebub auszutreiben.
Ich gebe wohl zu, daß, wie die Welt heute ausschaut, wie es um die seelische und geistige Struktur der heutigen Menschheit bestellt ist, dies — Schlag mit Schlag zu parieren — als die einzig realistische Einstellung erscheinen muß.
Doch soll es ewig so bleiben? Ist die Menschheit absolut unkorrigierbar, ist sie zum ewigen bellum omnium contra omnes verdammt?
Ich würde meinen: Wenn es doch — was zu glauben uns heute schwer fällt — eines Tages gelingen sollte, dem jetzigen Mörder, der da Amok läuft, die Mordwaffe aus der Hand zu entwinden, und wenn noch Juden irgendwo in der Welt lebend bleiben, so müßten sich die wahrhaft Vernünftigen unter den Juden und Nicht-Juden die Hand reichen, sich zusammen hinsetzen und gemeinsam sich der wahrhaft menschlichen, wichtigsten Aufgabe unterziehen, die Lösung des Problems der *Menschheit*, und nicht nur des einen oder anderen Volkes oder Stammes, zu finden. Das Problem kann nur dieses sein: Wie kann die Bestie im Menschen, der verbrecherische, mörderische Trieb, das Erbteil Kains, überwunden werden? Wie kann der Mensch dazu gebracht werden, dem Kult des Tötens abzuschwören, das Leben, sein menschliches Leben, vorbehaltlos zu bejahen?
Staaten sind be-grenzte, mit dem Fluch der Grenzen behaftete Gebilde, in Wirklichkeit Mißgebilde, Grenzen bedeuten schwörende Epheben, bedeuten ewigen Krieg, und Krieg bedeutet irrsinniges Aufgeben seines einmaligen Lebens, dort wo, wie der Dichter gewiß mit Recht sagt,
‚... Leben, Atmen doch das Höchste ist.'
Das Ziel, das einzig menschenwürdige Ziel hat der inspirierte jüdische Prophet so ausgesprochen:

‚Und die Völker werden ihre Schwerter zu Pflugscharen und ihre Spieße zu Sicheln umarbeiten; kein Volk wird gegen das andere sein Schwert erheben und sie werden nicht mehr lernen, Krieg zu führen.'
So beschreibt der Prophet Jesajah, die — wie *mir* scheint — wahre ‚Jeschieh'.
Und auch der Verfasser unserer Gebete zu den hohen Feiertagen hat dieses Endziel richtig erfaßt, als er schrieb: ‚Und alle Völker werden zu einem einzigen Bunde werden (Agudah achat), um den Willen des Herrn zu erfüllen.'
Die wahre Lösung ist, wie ich meine, nicht die, dem Angriff den Gegenangriff parat zu halten, sondern den Angriff aus der Welt zu schaffen. Wie dies Ziel zu erreichen ist, ja, das sagt uns leider weder Jesajah, der Prophet, noch der Verfasser des Rosch-Haschanah-Gebetes, und auch ich weiß es nicht. Wir haben ja — sowohl ich, als auch Sie — Zeit genug, um nachzudenken. Wenn Sie, Herr Rennert, der Sie doch ein kluger Mensch sind, den Weg dorthin entdecken und das Mittel, um zum Ziel zu gelangen, finden, so werden Sie der größte Wohltäter der Menschheit werden. Denn das wäre die phänomenalste Entdeckung, die erste Erfindung, die im Dienste der Menschen stünde. Denn alle anderen bis jetzt gemachten Erfindungen erwiesen sich bis zum Schluß als vortreffliche Instrumente im Dienste des Todes und des Teufels."
Rennert: ,,Ich habe Ihnen mit Geduld, mit viel Geduld zugehört. Sie regen also an, ich solle meine freie Zeit — woran ich, zugegeben, keinen Mangel leide — dazu nützen, um darüber nachzudenken, wie man den Teufel aus dem Menschen austreiben und so die Menschheit erlösen könnte.
Da muß ich an unseren guten Schulem-Alejchem denken.
Sie erinnern sich ja gewiß an seine Erzählung: ‚Wenn ich Rothschild wäre', in der ein Melamed (Kleinkinderlehrer) sich auch schon mit dem Problem beschäftigt, wie die Kriege aus der Welt zu tilgen wären. (An einen Hitler-Humen, an ein Transnistrien, überhaupt an den ewigen Krieg gegen die Juden hat er, was einen wundern muß, nicht gedacht.) Er meint, theoretisch das Mittel gefunden zu haben. Er müßte Rothschild sein. Er könnte dann mit seinem Gelde alle terri-

torialen Gelüste der jeweiligen Kriegsgegner befriedigen und dadurch der Welt den Frieden sichern. Nachdem er auf diese Weise die Welt in Ordnung gebracht hat, ist es nur noch *eine* Sorge, die ihn, den jüdischen Kleinkindlehrer, zutiefst bedrückt, für *eine* Frage findet er keine Lösung: ‚Wi nemt men of Schabes?' (woher das für den Sabbat Nötige hernehmen).

Auch ich würde gerne über Ihr Problem einer Welterlösung sinnen und grübeln, wenn ich nicht über die konkretere Frage nachdenken müßte: ‚Wi nemt men of Schabes?' — Wie überlebe ich den morgigen Tag, die nächste Woche und die nächsten Wochen? Denn selbst wenn die in der ‚Welt der Wahrheit' weilende Mutter der Frau M. ihre Tochter nicht belogen haben sollte, sind es bis zum 13. April immerhin noch paar schöne Wochen.

Ich rate Ihnen daher, sich auf mich und auf mein Entdecker- und Erfindertalent nicht zu verlassen. Wenn ich ein solches Talent in mir entdecken sollte, so würde ich es — um aufrichtig zu sein — dazu verwenden, das Wunder des Neuen Testaments zu erneuern, mit *einem* Brot 40 Tage lang leben zu können. *Das* ist das Wunder aus der Bibel, dessen ich jetzt bedarf, und nicht das Wunder des Propheten Jesajah, daß sich Schwerter in Pflugscharen und Spieße in Sicheln verwandeln. Denn was soll ich mit Jesajahs Pflugscharen beginnen, wo doch der Schnee hier mir bis zu den Knien reicht und der Boden darunter nicht mir gehört."

Ich: ,,Sie sind der ewige Spötter, Herr Rennert."

Rennert: ,,Wie sagt nur das jüdische Sprichwort: ‚Wehe mir und meinem Gelächter'."

Dienstag, 3. Februar 1942

45 Tage des kalendarischen Winters sind vorüber, die Hälfte ist durchschwommen, die Hälfte des ersten Winters (des ersten? nicht zugleich auch des letzten?) in Dschurin. Wie soll es weitergehen? Seit

mehr als elf Tagen habe ich keine Zeitung mehr zu Gesicht bekommen. Um so aktiver ist die Ipa. Die sonderbarsten Nachrichten, gekittet aus Ungeduld, Ignoranz und Erlösungssehnsucht gehen von Mund zu Mund. Der eine will wissen, daß Charkow von den Russen zurückerobert worden sei; und da ja Charkow bei Odessa liege (sic), so stehe auch der Fall Odessas bevor. Der zweite weiß zu berichten, daß 160 Städte und Ortschaften von den ,,Unsrigen" genommen worden sind, ein dritter überbietet: er spricht von 400 — wenn schon, denn schon. *Damit* muß man doch nicht sparsam sein. Ein vierter sagt mir, er wisse zwar nichts Genaues, aber strahlenden Gesichtes versichert er, mit einer Miene, als wisse er es direkt vom Generalstab: die Front steht gut.

Auch die Frau M., die ihre Mutter aus dem Jenseits bemüht hatte, um das Datum der Erlösung zu erfahren, hat Konkurrenz bekommen. Die aus dem Jenseits verkündeten Erlösungsdaten stimmen zwar nicht ganz genau überein, doch sind sie alle kurzbefristet und keines überschreitet die Drei-Monat-Grenze . . .

Wenn also vom Jenseits und von der Außenpolitik nichts Präzises zu erfahren ist, so ist dennoch auf innerpolitischer Ebene von einem wichtigen Ereignis zu berichten.

Die Zentralverwaltung der Transnistrienlager, mit Sitz, wie mir scheint, in Mogilew, hat sich was Neues einfallen lassen, sozusagen eine Konstitutionsänderung. Die verschiedenen Deportationslager auf dem Gebiete Transnistriens sollen eigene, jüdische ,,Verwaltungsorgane", sogenannte ,,Komitees" erhalten; wir bekommen also eine Art Autonomie, natürlich von Gnaden der Rumänen, ihrer Oberhoheit unterstellt, von ihnen kontrolliert und — dies scheint mir das Wesentlichste — ihnen behilflich, ,,mit den Juden fertig zu werden".

Wie gerne möchte ich Genaueres über das Ausmaß der Aktion ,,Juden in Transnistrien" erfahren, gerne möchte ich wissen, wieviele und wo Lager à la Dschurin in Transnistrien errichtet wurden und wieviele Juden von dieser Vernichtungsaktion im Langsam-Tempo betroffen sind. Wird sich mal ein Historiker finden, der das Kapitel ,,Judenvernichtung in Transnistrien" eingehend erforschen wird?

Wird mal die Zeit kommen, wo Rumänien seine Archive darüber
dem Forscher zugänglich machen wird?
Nun, unser Dschuriner ,,Komitee" soll, sagt man, aus Vertretern der
verschiedenen Landsmannschaften bestehen. Wer sie gewählt hat,
wie sie gewählt wurden, ist mir völlig unbekannt. Wie Pallas Athene
aus dem Haupte Zeus' steht nun das Komitee vor uns plötzlich da;
sein erster Mann, sozusagen unser neuer ,,Führer" in Kleinformat,
ist ein gewisser Dr. Rosenstrauch, der vormals Advokat in der südbukowiner Ortschaft Suczawa gewesen war. Ferner ist bekannt, daß
das große Wort im Komitee die Südbukowiner führen.
Wie Öl auf dem Wasser heben sich von nun an die Südbukowiner von
den Nordbukowinern und den Bessarabern ab. Die Südbukowiner
bilden sich langsam zur Elite heran. Sie sind nämlich darauf gekommen, daß sie eigentlich zu Unrecht zugleich mit den Nordbukowinern
nach Transnistrien ,,deportiert" wurden, waren sie doch die ganze
Zeit den Rumänen treu geblieben und hatten sich nicht von den Russen annektieren lassen. Dies Letztere hätten in verbrecherischer Weise die Juden der Nordbukowina und Bessarabiens getan, die im Juni
1940 keinen Finger gerührt hatten, als Molotow der Welt verkünde-
te, Sowjetrußland müsse den Rumänen nicht nur Bessarabien, sondern auch die Nordbukowina abnehmen, zur Strafe dafür, daß die
Rumänen die Provinz Bessarabien im Jahre 1918 Rumänien einver-
leibt hatten.
Zum politischen Übergewicht der Südbukowiner — aus besagtem
Grunde — gesellt sich auch das ökonomische, da sie ja nicht, wie die
Juden der Nordbukowina und Bessarabiens, ein Jahr sowjetischer
Verarmungs- und Auszehrungskunst über sich hatten ergehen lassen
müssen. Sie waren, im Vergleich zu den ausgehungerten nordbukowinern und bessarabischen Juden, relativ bemittelt hieher gekommen und waren daher für den Kampf mit der Wüste Dschurin viel
besser gerüstet.
Aus den Südbukowinern ihrerseits ragen die Radautzer besonders
hervor. Aus ihrer Mitte stammt auch der zweite Mann des Komitees,
ein gewisser Moische Katz. Dies ist ein Mann von schnittigem Aussehen und imperatorischem Habitus, und, wie mir scheint, ist er,

und nicht der Dr. Rosenstrauch, der eigentliche Kopf des Komitees, der von nun an Herr und Gebieter über unser Wohl und Wehe sein soll.

Freitag, 6. Februar 1942

Ich klettere den steilen Anhang hinauf, der zum ,,Marktplatz" hinführt. Hier, am Rande des Marktplatzes, hat das löbliche Komitee seinen Amtssitz bezogen. Juden mit Rucksäcken auf dem Rücken eilen an mir vorbei. Es sind dies meistens Wischnitzer oder auch Czernowitzer, aber auch arme Südbukowiner sind darunter. Wohin mit den Rucksäcken? Einige gehen ins umliegende Dorf, um zu ,,meniajen", irgendeinen Fetzen, den sie noch haben oder bei den ,,Wohlhabenderen" erbetteln konnten, für ein Scheit Holz oder ein bißchen Mehl einzutauschen. Andere kommen vom Dorfe zurück.
Das Aussehen dieser hin und her huschenden Gestalten ist herzbeklemmend: die Wangen fahl, erdfarben, wild verwachsen, die Augen trübe, eingefallen, wie erloschen. Dabei hätte ich gedacht, die, die vom Dorfe zurückkehren, mit einem Scheit Holz auf den Schultern oder mit etwas Mehl oder Kartoffeln im Rucksack, müßten doch ein froheres Gesicht aufsetzen. Doch ist das nicht der Fall. Auch die, die aus dem Dorf nicht mit leeren Händen zurückkommen, bedrückt der Gedanke, daß morgen wieder Holz nötig ist, wieder Brot und eine Kartoffel. Was morgen tauschen? Alles ist bereits zu Ende. Den letzten Mantel kann man ja nicht verkaufen, es ist ja noch bitterkalt. Es soll, so spricht es sich zwar herum, einem Hilfskomitee Bukarester Juden gelungen sein, die Erlaubnis zu erhalten, Kleider, Lebensmittel und Medikamente nach Transnistrien bringen zu lassen. Das Komitee würde die Hilfsgüter unter die Notleidenden verteilen. Unterdessen flitzt ein wütender Wind den Schneestaub ins Gesicht, als spotte die Natur über das Bemühen dieser dummen Juden, sich dem Griffe des Todes zu entreißen.

Aus einem Nebengäßchen dringt ein gellendes Geschrei bis zu mir herüber. Ich lenke meine Schritte dorthin. Eine Frau steht an der Schwelle ihrer Tür, ringt verzweifelt die Hände, schreit jämmerlich. Das Kind ist ihr soeben gestorben. Leute laufen zusammen. — Hu — es fröstelt mich. Paar Schritte weiter. Vier Juden tragen eine Bahre, mit einem schwarzen Tuch überdeckt. Dahinter gehen andere fünf Juden. Das ist der Leichenzug. Ich gehe auf einen Mann zu, der in ein Gespräch mit einem anderen vertieft ist. Wer ist gestorben, frage ich. — Irgendeine Kimpolunger Frau, antwortet er völlig gefühllos, als hätte ich ihn um die Adresse eines Nachbarn gefragt, und setzt sein Gespräch eifrig fort. Es handelt sich für ihn darum, zu erfahren, wie hoch die deutsche Mark steht.
Es ist einer unserer Verdiener, unserer Handelsleute.
Ja, inmitten dieses großen Sterbens, gibt es Leute, die trotz Frost und Schneegestöber nach Mogilew fahren (es sind die, die nicht schlecht gekleidet hieher gekommen sind) und von dort Zigaretten, Tabak, Naphta, Seife, Salz und dergleichen mehr bringen und dabei ganz schöne Verdienste einheimsen. Gewiß, es ist dies eine winzige Minorität und die leidende Masse profitiert gar wenig von ihren Verdiensten. Zwar heißt es, das Komitee sei bemüht, von diesen Verdienern Beiträge für eine ,,Volksküche" einzutreiben. Vorläufig jedoch ist diese Volksküche ein ganz armseliges Ding. Zwar wird den Ärmsten zu Mittag eine Suppe verabreicht, die offiziell Kartoffelsuppe und manchmal Bohnensuppe benannt wird. In der Tat aber erinnern mich diese Namen an die bekannte ethymologische Erklärung, die ein römischer Philolog für das lateinische Wort ,,canis" gegeben hat: canis — a non canendo. Auch diese Suppen heißen nach dem, was in ihnen sein sollte, aber nicht da ist. Nur wenige dieser Armen sind so glücklich, in ihrer Suppe einer Kartoffel oder einer Bohne begegnet zu sein.
Für soviel, erklären die Komiteeleute, reichen die Ressourcen. Für ein Stückchen Brot zur Suppe reichen sie nicht, da die Großverdiener sich in geschickter Weise der Besteuerung zu entziehen verstünden: so bringen sie für gewöhnlich ihre Waren in der Nacht, und nur wenn man sie auf frischer Tat erwischt, geben sie etwas her.

Wieviel davon wahr ist, kann ich nicht beurteilen, doch gibt es unter uns Leute, die da munkeln, daß die Komiteeleute mit unseren Mogilewfahrern unter einer Decke stecken.
Für heute bin ich mit meiner Wanderung durch Dschurin zu Ende. Ich werfe einen letzten Blick auf die verschneiten Wege und Dächer; so weit der Blick reicht — Trostlosigkeit, Öde, weißes Leichentuch . . .

Samstag, 7. Februar 1942

Ein Ereignis. Endlich ist eine Zeitung nach Dschurin gebracht worden. Es handelt sich angeblich um die rumänische Zeitung ,,Curentul'' aus Bukarest. Unserer Handelsleute einer soll sie aus Mogilew mitgebracht haben.
Trotz aller meiner Bemühungen ist es mir nicht gelungen, diese Zeitung zu Gesicht zu bekommen. Nur soviel konnte ich in Erfahrung bringen, daß darin die Rede Hitlers vom 30. Januar zu lesen ist. Das steht einmal fest. Über den Inhalt der Rede gingen die Angaben meiner Berichterstatter auseinander. In einem Punkte jedoch stimmten sie alle überein: Hitler hat in dieser Rede den Juden die endgültige Ausrottung angekündigt.
Diese Rede ist zwar keineswegs dazu angetan, den von so manchen hier gehegten Hoffnungen auf eine nahe bevorstehende Heimkehr Auftrieb zu geben, und die Anti-Ipaisten hätten wohl nun Anlaß, sich über die Ipaisten lustig zu machen. Das aber, wie mir scheint, tun sie nicht; denn obwohl ihr Bemühen erklärtermaßen doch dahingeht, sich und die anderen an den Gedanken des Schlimmen und Schlimmsten zu gewöhnen, scheinen sie darin nicht besonders erfolgreich zu sein. Sie hätten sich — das ist ihnen anzumerken — viel mehr gefreut, wenn die Ipaisten Anlaß gehabt hätten, sich über sie lustig zu machen . . .
Die Ipa ihrerseits ist unbekümmert zur Gegenoffensive übergegangen: Nur keine Furcht, Brüder — ist ihre Losung. Das letzte Wort wurde noch nicht gesprochen, die letzte Rede ist noch nicht gehalten

worden. Im Westen ist zwar nichts Neues und auch nichts Gutes. Die dort sind bloße Zuschauer, und unser Schicksal hier ist ihnen völlig schnuppe. Aber dahinten im Osten rührt sich was. Dort donnern die Kanonen. Und wer ein gutes Ohr hat, beteuern die Ipaisten, dem kann es nicht entgehen, daß sie von Tag zu Tag deutlicher zu hören sind. Kluge Juden, meinen sie, werden schon verstehen, was das bedeutet . . .

Freitag, 20. Februar 1942

Bis vor kurzem war es so: Man konnte frei und ungehindert sterben, bis dahin aber, solange einen das Krankenlager noch nicht an sich gefesselt hatte, in unserem Gules-Ort, im Marktflecken Dschurin, frei herumgehen und sich auch ins angrenzende Dorf begeben. Die ,,polizeiliche'' Autorität war in der Person quasi schattenhafter ukrainischer ,,Milizionäre'' sowie des anscheinend gutmütigen ukrainischen ,,Starosta'' (etwa: Dorfschulze) vertreten; dieser letztere — das ist offenes Geheimnis — ist ein Mann, der seine höchsten Freuden und tiefsten Wonnen aus dem Wodkaglas bezieht und nicht aus der Machtentfaltung.

An das Vorhandensein der eigentlichen, souveränen Staatsmacht wurde man, sozusagen diskret, durch das sporadische Auftauchen eines spießartigen Bajonetts erinnert, das, obwohl einem einzigen rumänischen Gendarmen gehörend, die Juden Dschurins in Panik versetzte. An das Vorhandensein einer Staatsmacht, der wir das Vorhandensein in Dschurin verdankten, erinnerten uns auch die immer wieder auftauchenden Gerüchte von einem Weitertreiben, Weitergetriebenwerden, das setzt natürlich voraus, daß es den Treiber noch gibt.

Das war — politisch betrachtet — unser goldenes Zeitalter in Dschurin, als es auch noch kein jüdisches ,,autonomes'' Komitee gab. Damit ist es nun zu Ende.

Jetzt wurden wir nachdrücklich daran erinnert, daß wir hieher nicht zu dem Zwecke gebracht worden sind, um zu erfahren, wie man in Freiheit leben kann. Dschurin — das haben wir uns nun wohl zu merken — ist für uns — seiner obrigkeitlichen Bestimmung gemäß — in letzter Instanz Begräbnisort, in vorletzter — Gefängnis. Zwar ein Gefängnis, in dem man mehr als fünf—sechs Schritte machen kann wie in den üblichen, klassischen Gefängnissen, aber dennoch — nicht zu vergessen! — ein Gefängnis.

Das wurde uns zwar beim ,,Einzug" in Dschurin zur Kenntnis gebracht, doch hatte man das ursprünglich bestehende Verbot, ins umliegende Dorf zu gehen, von Anfang an nicht beachtet. Die Bauern des umliegenden Dorfes kamen zwar einmal die Woche, um am ,,Marktplatz" Dschurins ,,Markt" abzuhalten. Da wir aber im wesentlichen zur primitiven Wirtschaftsform des Tauschhandels zurückgekehrt sind und ein einziger Tag in der Woche dazu nicht ausreichen kann, war es bis jetzt nur allzu üblich, auch im Laufe der anderen Tage der Woche ins Dorf zu gehen. (Wie es unsere Handelsleute anstellten, um bis nach Mogilew zu fahren und von dort zurück nach Dschurin, das ist deren Privatgeheimnis.)

Die neu-alte Lektion über das Wesen und die Bestimmung Dschurins vermittelten uns, zu ihrem Leidwesen, die Dschuriner Exilanten Golz und Gottlieb.

Wie so manche andere, waren auch sie ins umliegende Dorf gegangen auf der Suche nach einem Stückchen Brot. Fünf Tage lang wurden sie von den Ihrigen verzweifelt zurückerwartet. Sie kamen als verstümmelte Leichen nach Hause getragen. Eingeschlagene Schädel, ausgestochene Augen, herausgerissene Zunge — so wurde ihr Frevel, ihr Verstoß gegen das Verbot, das Judengefängnis Dschurin zu verlassen, gesühnt. Dann wurde uns auch die Stellungnahme der rumänischen Behörde zu diesem ,,Raubmord" zur Kenntnis gebracht. Der Prätor in Schargorod, ein gewisser Dindeleanu, zu dessen Verwaltungskreis Dschurin mitgehört, ließ sich wie folgt vernehmen: Es sei den Juden Golz und Gottlieb ganz recht geschehen, da Juden außerhalb des Marktfleckens Dschurin, ihres obligaten ,,Lagers",

nichts zu suchen hätten. — Dem Morde wurde dadurch die Weihe des Rechtmäßigen verliehen.
So hat unsere Bewegungsfreiheit eine erste Einbuße erlitten.
Ein zweiter Schlag gegen unsere Freiheit wurde uns durch die Einführung der sogenannten ,,muncă obştească" (Zwangsarbeit) versetzt. Wir wurden alle, Groß und Klein, nach den Jahren registriert und in Arbeitsgruppen eingeteilt. Die Arbeiten bestehen darin, daß man den Schnee wegschaufelt, an den Straßen, den Verkehrwegen herumstochert, Kohlen auflädt und von Ort zu Ort schleppt und ähnliches mehr.
Ausgenommen von der Arbeitspflicht sind nur die über die Sklaven, wollte sagen: Arbeiter, bestellten Aufseher — das sind die Komiteeherren und die von ihnen ernannten Komiteefunktionäre. Wie der Mond mit dem von der Sonne ausgeborgten Glanz einherstolziert, verstehen es auch unsere Sklavenaufseher, den Abglanz der Macht, der vom prätorianischen Glorienschein gnädig auf sie abfällt, dieses Krümchen von Macht, das ihnen geborgt wurde, bis in alle Tiefen genießerisch auszukosten.
Ich war zufällig zugegen, als ein älterer Jude bei einem der Komiteemächtigen dagegen protestierte, daß man ihn für Arbeitsleistung registriert hatte, wo er doch schon 60 Jahre alt sei.
,,Kommen Sie mir nicht mit diesen faulen Stücken", herrschte ihn der Mächtige an, mit Blicken, die ebenso blank und scharf blitzten wie die Spitzen seiner Stiefel, die darauf hinwiesen, daß seine politische Macht auch im Ökonomischen verwurzelt war. ,,Zeigen Sie mir mal Ihren Geburtsschein", höhnte ihn der Liberte an, der es ja aus eigener Erfahrung wußte, daß alle Urkunden beim Betreten Transnistriens ,,konfisziert" worden waren.
Ich schaute nochmals hin, ob ich mich nicht etwa geirrt hätte, ob es ein Jude war, der so sprach. Nein, ich hatte mich nicht geirrt. Es war ein Jude neuer Prägung, ein Komitee-nik, der sich in die Wonne seines Peinigers versetzt hatte und sie jetzt schwelgerisch genoß.
Unsere Henker mögen nun ruhig schlafen, es wachen die Hunde aus unserer Mitte, es wachen die Henkersknechte . . .

Dienstag, 24. Februar 1942

Die Ipa, die in den letzten paar Wochen einige Rückschläge erleiden mußte, hat sich unterdessen kräftig erholt. Herr Rennert überbringt mir die letzten Ipa-Blüten, die er aufgelesen hat:
,,Antonescu, die rechte Hand Hitlers in Rumänien, kein Geringerer als Antonescu, der rumänische ‚Führer', der in puncto Juden hinter dem deutschen ‚Führer' nicht zurückstehen wollte, Antonescu— Sensation! — ist ermordet worden. Diese Nachricht stammt vom Wischnitzer Schloime London (so genannt, seiner unbeirrbaren politischen Sympathien wegen), der beteuert, dies aus ganz sicherer Quelle zu haben.
Und schon wurden von anderen Ipaisten aus dieser Bomben-Nachricht die Konsequenzen gezogen. Das freigewordene Staatsruder Rumäniens habe Maniu, der Führer der Nationalzaranisten, ergriffen.
Was das bedeutet, ist klar: unsere sichere Heimkehr.
Auch die Front ist allright. Odessa ist zurückerobert. Mit Kiew allerdings, geben die Ipaisten zu, ist die Sache noch nicht ganz klar. Sie haben schon, wie Sie wissen, einige Male als sicher die Rückeroberung Kiews verkündet. Doch in der Zeitung (die von Zeit zu Zeit aus Mogilew nach Dschurin gebracht wird), war nicht die geringste Anspielung darauf zu entdecken. Eines aber, versichert die Ipa, steht fest: Kiew ist von den ‚Unsrigen' umzingelt. Daran wird auch die nächste Zeitung nichts ändern können. Wenn sie darüber nichts schreiben wird, so wird das eben der beste Beweis sein, daß dem so ist. Seien Sie also nicht so niedergeschlagen'', schließt Herr Rennert seinen Lagebericht von der Ipafront. ,,Sie wissen ja, ich persönlich bin kein großer Freund der Ipa mit ihrer lächerlich-traurigen Himmelsstürmerei. Doch denke ich manchmal, daß so lange die Ipa in Funktion ist, noch nicht alles verloren ist . . .''

Mittwoch, 25. März 1942

Der Winter nähert sich seinem Ende, ein Winter des Sterbens und der Vernichtung. Wer von uns, hieher Vertriebenen, dachte nicht: nur diesen Winter überstehen, die warme Jahreszeit wird doch gewiß eine Erleichterung bringen, selbst wenn die ,,Jeschieh" noch auf sich sollte warten lassen. Welche Tragik, daß gerade die wärmere Jahreszeit manchen von uns zum Verhängnis werden sollte:
Heute erfuhren wir eine Variante des Geschehens Golz—Gottlieb. Leidensgenossen aus ,,Lagern" im Umkreis von Schargorod (Schargorod ist sieben Kilometer von Dschurin entfernt) dachten, sie könnten das eingetretene Frühlingswetter dazu nützen, um nach Angehörigen in den anderen Nestern zu suchen. Der Prätor von Schargorod, Herr Dindeleanu, erfuhr davon. Daß Juden es gewagt hatten, sich frei von Ort zu Ort zu bewegen, erfüllte ihn mit Ingrimm. Sofort begann er die Jagd auf das Freiwild, das sich aus seinen Schlupfwinkeln herausgewagt hatte. Die Unglücklichen wurden erwischt und auf dem Schargoroder Friedhof wie tolle Hunde niedergeknallt. Danach sorgte der Prätor dafür, daß die Kunde über das vollzogene Strafgericht zu den Juden seines Herrschaftsbereiches überallhin gelange, um uns an die erste Pflicht eines Gefängnisinsassen zu erinnern, sein Gefängnis nicht zu verlassen.
Als zusätzliches Detail wurde noch berichtet, daß, als die zum Erschießen Aufgereihten um ihr Leben baten und zu ihrer Entschuldigung vorbrachten, sie wollten sehen, ob ihre Angehörigen noch am Leben wären, der Prätor den klassischen Ausspruch getan hat:
,,Nicht um zu leben seid ihr hergebracht worden, sondern um hier zu sterben."
Die Bilanz dieses Winters gibt dem Prätor nur allzusehr recht. Die Kälte, der Hunger, der Bauch- und Flecktyphus haben reiche Ernte gehalten. Auch jetzt noch, wo das Tempo des Sterbens sich ein wenig verlangsamt hat, wo tatsächlich schon etwas von der erhofften Hilfe der Bukarester Juden zu spüren ist, sind es immer noch täglich vier bis fünf Juden, die in der Erde des Dschuriner Friedhofes ihren Lebensweg beenden . . .

Was können wir noch erhoffen? Auch wenn Krankheit und Elend einen verschonen sollten, wie ist für uns, die wir zwischen zwei Mühlsteine geraten sind, eine Rettung überhaupt denkbar? Siegt Hitler, so sind wir ja verloren. Verliert er den Krieg, ist es dann denkbar, daß die sich zurückziehende Soldateska uns nicht dahinschlachten wird? Nur ein Wunder kann uns noch retten. Auch schon jede Notiz, die ich in dieses Tagebuch eintragen kann, ist ein Wunder. Virtuell ist jede die letzte . . .

Montag, 15. Juni 1942

Die Chronik, die, entmutigt wie ich war, bis jetzt geschwiegen hat, will ich versuchen, sozusagen als Dank dafür, daß ich noch lebe, weiterzuführen. Nun, was kann sie, die Chronik, berichten?
Zumindest zwei bemerkenswertere ,,Neuerungen'':
1) Seit Anfang Mai hat sich unser Lager um ein neues staatliches Requisit bereichert. Ein Gendarmerieposten hat sich in Dschurin etabliert, mit drei bis vier ständigen rumänischen Gendarmen und einem ,,şef de post'' (Postenchef) namens Florian. Zum Auftakt und zur ,,Einweihung'' ihrer Präsenz haben sie uns Lagerinsassen drei Tage lang geplündert. Die meisten von uns waren zwar, nach einer neunmonatigen Auszehrung, ein hundertprozentig besitzloser Haufen — mit Ausnahme der wenigen bereits erwähnten Tüchtigen, denen es gelungen war, Wasser selbst aus einem Felsen zu schlagen —, doch gelang den Gendarmen der Beweis, daß auch bei uns Ausgepowerten noch so manches zu holen war: bei dem einen ein Kissen, beim anderen eine Decke, ja sogar eine Uhr fiel ihnen als Beute zu. Mehr Glück dürften sie wahrscheinlich bei unseren Verdienern gehabt haben, die ja imstande waren, ,,freiwillig'' den Gendarmen den gebührenden Zehent von ihrem Besitz zu entrichten. —
Nachher trat Ruhe ein. Auch das Prügeln mit der Lederpeitsche,

das der eine oder der andere Lagerinsasse über sich ergehen lassen mußte, wurde nicht zur alltäglichen Erscheinung. Das geschieht nur zu gewissen feiertäglichen Anlässen — dann aber wird tüchtig und ausgiebig geschlagen.
2) Dann hat die Chronik die Einführung einer neuen Variante des Kapitels Zwangsarbeit zu verzeichnen. Bis zum 1. Juni hatte es nur lokale ,,Arbeit" gegeben. Am 1. Juni wurde bekannt, daß 600 Arbeiter aus Dschurin für den Straßenbau in Chomenko, einem Flecken sechs Kilometer von Dschurin entfernt, angefordert werden. Die Panik, die die Nachricht über diese ortsferne Arbeit auslöste, erwies sich als stärker als die Unannehmlichkeiten der ,,Arbeit" selbst. In ihrer sarkastischen Manier berichten die Betroffenen, daß das einzig Unangenehme bei dieser Arbeit, die im Steineklopfen und ähnlichem besteht, der Umstand ist, daß man gar wenig zum Essen kriegt (zehn Deka Brot und zweimal des Tages eine ungenießbare Suppe, und wenn es regnet und nicht gearbeitet wird, dann auch das nicht) und daß man in Schweineställen schläft. Sonst ist dort die Luft frisch, die Natur schön, und wer Geld hat, kann sich von den Bauern dort etwas zum Essen kaufen. Doch ist ein Haken dabei. Die, die Moneten besitzen, die haben gewußt, es anzustellen, mit Arbeit nicht belästigt zu werden.

Das war nämlich so: Die Auswahl der zur Arbeit ,,Delegierten" wurde vom Komitee, in Ausübung seiner suzeränen, von der rumänischen Obermacht ausgeliehenen Vollmachten, vorgenommen. Und wenn auch das Komitee — immer in der galligen Diktion der Betroffenen — aus Menschen höherer Gattung besteht — wie wären sie sonst der Ehre teilhaftig geworden, als Juden über Juden zu regieren —, so sind es doch immerhin Menschen, bei denen bloß die höheren Seeleneigenschaften stärker und schöner entwickelt sind. Wenn also manche böswilligen Nörgler (gewöhnlich Nördler = Nordbukowiner) sich darüber empört geben, daß das Komitee nicht Familienangehörige und auch keinen der Mogilew-Fahrer nach Chomenko geschickt hat, so zeugt dies wohl nur davon, daß diese Kritikaster in die Psychologie des höhergearteten Menschen nicht eingedrungen sind. Ist doch die Liebe zu den Familienangehörigen eine ausgesprochene Tugend.

Was die Verschonung der Mogilew-Fahrer betrifft, so zeuge auch dies für, und nicht gegen das Komitee. Es sei dies ein beredter Ausdruck von verfeinertem Gefühl für Nuancen und von tieferem Verständnis für Menschenleid: So ein armer Schlucker, den das Komitee für Arbeitnahme und Arbeitslohn (zehn Deka Brot, zwei Suppen täglich!) nach Chomenko schickt, geht ja auch hier am Orte, früher oder später, wegen Unterernährung, ebenso zugrunde wie er es, infolge Chomenko-er Unterernährung, tut. In seinem Schicksal ist keine wesentliche Änderung vor sich gegangen. In seiner Elendexistenz ist bloß eine kleine geographische Verschiebung eingetreten. Aber — einen Menschen nehmen, der die Früchte seiner kommerziellen Fähigkeiten genießen kann, der dreimal am Tag sich satt essen kann und auch nicht in einem Schweinestall schlafen muß, einen solchen Menschen an einen Ort hinschicken, wo man nichts mehr verdienen kann, wo man höchstens kaufen, nicht aber, wie gewohnt, kaufen *und verkaufen* kann, das wäre krasse Verletzung der Humanität. — Soweit der verbitterte Kommentar der von der Chomenko-Arbeit Betroffenen und ihrer Angehörigen.

Dienstag, 23. Juni 1942

Gesetz der Serie! Juni 1941 — Juni 1942. Im vorigen Jahr hat um diese Zeit die große Wende zur Schicksalsverfinsterung hin in meinem Leben, wie auch im Leben meiner Bukowiner Landsleute, eingesetzt. Begonnen hat es mit dem Ausbruch des Krieges. Ich war gerade zu Besuch in Czernowitz bei meinen Leuten — Tanten, Onkel und Großmutter —, als mich über Czernowitz abgeworfene Bomben aus dem Schlaf aufschreckten. Hitler hatte seinen Krieg gegen die Sowjets gestartet. Dann kam meine abenteuerliche, von Bombenabwürfen begleitete Rückreise nach Wischnitz, wo ich im Russenjahr (1940/1941) Lehrer an einer Schule mit jiddischer Unterrichtssprache gewesen war und wo ich mich bei der sowjetischen Militärbehörde melden sollte. In Wischnitz angelangt, wurde ich wiederum von einem Bombenregen, der auf die Czermuschbrücke niederging, empfangen, kaum daß ich das Haus der Familie betreten hatte, in deren Mitte ich das Russenjahr verbracht hatte (das Haus lag wenige Meter von der Czermuschbrücke entfernt, und nur wie durch ein Wunder wurde es von keiner Bombe getroffen). Zum Melden bei der sowjetischen Militärbehörde kam es nicht mehr, denn die Heroen der Oktoberrevolution hatten in Überstürzung und Verwirrung die Flucht ins Innere Rußlands angetreten.

Am 6. Juli 1941 zogen dann die Rumänen — als Alliierte Hitlers — nach Wischnitz ein, das sie ein Jahr vorher ebenso ruhmlos verlassen hatten und wo sie in den Jahren 1918 bis 1940 geherrscht hatten. Es folgte ein Plündern und Erschießen von zahlreichen Juden. Es waren Schreckenstage und Schreckensnächte. Auch ich lag, am dritten Tag des Einzuges der neuen-alten Herren, am Fußboden hingekauert und zwei Gewehrmündungen in den Händen von wie Raubtiere aussehenden rumänischen Soldaten waren auf mich gerichtet; dem Tode, den ich damals grauenvoll vor den Augen sah, entkam ich, dank einer Menge teurer Geschenke, mit denen meine Gastgeber die Soldaten dazu brachten, ihr Mordgelüste zu unterdrücken. Auf den drei Tagen, an denen das Erschießen von Juden gestattet war, folgten Tage und Monate des Terrors, den die rumänischen Behörden über die Juden Wischnitz' ausübten, der Freiheitsberaubung, der Zwangsarbeit, der sadistischsten Schikanen — abgelöst, am 13. Oktober, von der Vertreibung nach Transnistrien — eine ununterbrochene Kette von Qual und Leid.

Und nun hier in Dschurin: die letzten paar Tage hatten etwas Ruhe gebracht. Einer Reihe von uns hier war es gelungen, durch Vermittlung von rumänischen und insbesondere deutschen Kurieren (Militärs) mit Freunden oder Verwandten im ,,Altreich" in Verbindung zu treten oder auch in Czernowitz (der einzigen Stadt der Bukowina, wo ein Teil der dortigen Juden bisher von der Deportierung nach Transnistrien verschont geblieben ist) und Geldsendungen oder in Geld verwandelbare Gebrauchsartikel zu erhalten, so daß die materielle Not sich einigermaßen gelindert hatte. Doch diese Ruhe war trügerisch. Jetzt scheinen sich die Schreckenstage des vorjährigen Junimonates wiederholen zu wollen.

Der heutige Tag begann damit, daß viele Dschuriner Juden, diesmal ohne die sonst geübte Diskriminierung der verschiedenen Gruppen — Nord-, Südbukowiner, Bessaraber, Einheimische —, von den Gendarmen blutig geprügelt wurden. Dabei wurden — sozusagen nebenbei — diejenigen, die nicht allzu behend waren, eingefangen und zur ,,Arbeit'' bei den Gendarmen gezerrt. Zugleich wurde uns in unsere Behausungen hinein der strenge Befehl überbracht, sich ja nicht heute auf der Gasse zeigen zu lassen, da eine ,,Inspektion'' erwartet werde.

Gegen Abend erging an uns ein neuer Befehl: von morgen an dürfe kein Jude nach neun Uhr früh außerhalb seiner Behausung gesehen werden. Gab es bis jetzt Ortsarrest, so bedeutete der neue Ukas: Stubenarrest. So wird dafür gesorgt, uns darüber wach zu halten, wo wir eigentlich sind und zu welchem Zweck wir hier sind.

Donnerstag, 25. Juni 1942

Der zweite Tag unserer verschärften Gefangenschaft. Nach neun Uhr früh sind die Gassen und Gäßchen Dschurins judenrein. Eine Ausnahme bilden bloß die Herren des Komitees, die sich als solche ausweisen können, sowie die Juden, die zur täglichen Arbeit im Gebäude des Gendarmeriepostens ,,delegiert'' werden.

Montag, 29. Juni 1942

Heute wurde mir die Nachricht zugetragen, wonach eine Anzahl Juden aus Mogilew in das Lager Skasinetz hineingejagt worden sei, ein

Lager, das viel schlimmer als das unsrige sein soll. Aus jenem Lager entflohene Kinder sollen folgendes berichtet haben: Jeden Tag kommt der ,,Leutnant" (welcher Leutnant, was für ein Leutnant, das mir zu erklären, hielt man für überflüssig) — also es kommt der Leutnant und fragt, wieviele Insassen des Lagers am Tage vorher gestorben sind. Sagt man ihm, daß es bloß 20 waren, schreit er ergrimmt: Das Tempo des Sterbens muß beschleunigt werden, er habe strikte Weisung, dieses Lager raschestens zu ,,liquidieren".

Eine andere Nachricht traf hier aus Nemirow ein. Auch dort soll eine ,,Liquidierung", diesmal jedoch eine blitzkriegartige, stattgefunden haben: Die Deutschen haben dort die Juden in Säcke gesteckt und sie bei lebendigem Leibe begraben. — Natürlich können wir hier den Wahrheitsgehalt all dieser Nachrichten nicht nachprüfen. Vielleicht sind sie übertrieben, vielleicht gar aus der Luft gegriffen. Eines steht jedoch fest: ob wahr oder nicht — das Grauen, das diese Nachrichten auslösen, und wie sehr unsere Gemüter dadurch verdüstert werden, das ist ganz gewiß wahr.

Dienstag, 30. Juni 1942

Heute geht eine Woche zu Ende, wo jeder Tag nur Herzklopfen, Panik und Schrecken gebracht hat. Präzisere Berichte über den Unglücksort Nemirow hat uns heute ein deutscher Major überbracht. Es wurden dort 700 Juden zusammengetrieben, jeder einzelne wurde mit einer Kugel bedacht; wer nicht das Glück hatte, mit dieser Kugel sofort zu Tode zu kommen, der wurde lebendig begraben. — Schön — jetzt wissen wir Genaueres. Doch wie soll man da nicht an das Wort von Kohelet (,,Der Prediger") denken: Wer sein Wissen mehrt, mehrt auch sein Weh.

Mittwoch, 1. Juli 1942

Heute wurde unser ,,Koloniechef" — so wurde uns mitgeteilt — zur Obersten Verwaltungsstelle der Transnistrienlager nach Mogilew beordert. Die sich daran knüpfende Vermutung: Er soll die Mitteilung über unser Verjagtwerden aus Dschurin entgegennehmen. — So sitze ich in mich zusammengekauert, von Angst und Bangigkeit erfüllt. Jeder Schritt draußen läßt mich zusammenzucken, es könnte jetzt die Nachricht kommen, die gefürchtete. Soll ich da noch weiter ,,Chronik führen"? Eine Stimme in mir: Laß doch deine Schreiberei zum Teufel. Wem nützt denn das? Ist es nicht pure Illusion, zu glauben, diese Aufzeichnungen könnten einmal einen Leser finden?

Freitag, 3. Juli 1942

Wüßte ich, daß es jemanden unter uns, hier im Jammertal Dschurin, gibt, der Chronik führt, so könnte ich wohl mein Notieren einstellen. Ich weiß es nicht; also muß ich doch, so lange ich die physische Kraft dazu habe, weiter Chronik führen — es ist irgendein innerer Drang, dem ich nachgeben muß.
Der gestrige Tag war eine grauenvolle Nervenfolter. Der Koloniechef wird aus Mogilew erwartet. Nach dem, was uns letztens über Skasinetz und Nemirow berichtet wurde, ist jede Minute des Wartens ein qualvolles Dahinsterben. — Endlich . . er ist da . . Aber es herrscht ja Hausarrest. Er, der ,,Präsident" (so läßt er sich titulieren), darf ,,zirkulieren". Wir aber dürfen ja nicht zu ihm hinausgehen, um aus seinem Munde Genaues zu erfahren. Ein Nachbar kommt zu uns hineingeschlichen; er will es irgendwie erfahren haben: 1800 Dschuriner Juden müssen weg. Das Herz erzittert. Wenn jemand weg muß, dann können es natürlich nur die Bessaraber und die Nordbukowiner sein, also sind ich und meine Leute betroffen. Wir sind ja die Parias, wir sind die ,,Bolschewiken", wir, die Juden aus der Nordbukowina und

aus Bessarabien, haben ja — so die Erklärungen der rumänischen Offizialitäten — im Juni 1940 die Russen über die Rumänen gebracht. Die Juden der Südbukowina, die dem rumänischen Staat treugebliebenen, die beim Herbeirufen der Russen, 1940, nicht mitgemacht haben, die werden — Belohnung muß sein — in Dschurin unbehelligt gelassen werden.
Endlich wird es fünf Uhr nachmittags, wo man schon ausgehen kann. — Eine Erleichterung. Von unserer Evakuierung wird (noch) nicht gesprochen (sie bleibt natürlich möglich). Es kommt bloß ,,ein Ghetto'' (was das heißen soll, ist mir natürlich nicht klar; ist denn Dschurin für uns was anderes als ein Ghetto?). Jedenfalls, was immer das auch sein mag, man ist erleichtert. Getrübt wird die ,,Freude'' nur dadurch, daß andere, die behaupten, es besser zu wissen, darauf beharren, daß es doch zu einem Verjagen kommt, und zwar — wie sollte es auch anders sein — in erster Reihe die bessaraber und nordbukowiner Juden. — Und so überziehen wiederum schwere, dräuende Wolken das Gemüt.

Dienstag, 7. Juli 1942

Die Nachricht des Tages: die ,,Listen'' wurden bereits abgeschickt. Die Listen der zu Opfernden, also der notorischen Parias, natürlich. Ach, dieser verfluchte Schreck vor dem Untergang. Dieses elende Bangen und Zittern. Man spürt, zentnerschwere Lasten drücken aufs Herz; dieses geballte Drohen, tausendmal ärger als das, was droht. Wenn das Unheil da ist, so mobilisiert es entweder die noch vorhandenen Kräfte zur Resistenz oder aber — der Tod, und alles ist vorüber. Diese endlosen, tagtäglichen Drohungen . . Es ist, als würden einem tausend Löcher ins Seelengewebe gebohrt und die Seele rinnt aus, unaufhörlich, tropfenweise . .
Und wie auf einen geprügelten Hund prasseln die Schläge nieder von allen Seiten. — Unheilsnachricht auf Unheilsnachricht. Aus Czerno-

witz — wie verlautet — ist wieder eine Gruppe Juden nach Mogilew gebracht worden; aus Mogilew seien wieder an die tausend Juden in der Nacht ausgehoben und ins Unbekannte vertrieben worden. — In Kopaigorod soll ein ,,Lager" errichtet worden sein, in dem man die ,,Eingelagerten" Hungers sterben läßt. Ein Flüchtling von dort soll dies berichtet haben.
Wie sollen meine Nerven dies alles nur ertragen?

Donnerstag, 9. Juli 1942

Der gestrige Tag hat keine neuen Hiobsbotschaften gebracht. Kaum zu glauben! Endlich kam etwas Ruhe in die Gemüter. Sollte sich das Unheil verzogen haben?

Mittwoch, 15. Juli 1942

Es blieb ein paar Tage ruhig. Es hieß, man sammle Geld (hatten ja manche, wie früher notiert, etwas Geld von Kurieren zugesteckt bekommen), um die Vertreibung abzuwenden. Tatsächlich wurden die einzelnen Familienhäupter vom Komitee vorgeladen und nach ,,Vermögenslage" (seltsam, seltsam!) besteuert. Und plötzlich fiel die Bombe ein. Gestern abend kamen zu uns einige Leute, mit von Schreck geweiteten Augen, hineingestürzt: nur tausend südbukowiner Juden dürfen bleiben, der Rest muß weg — so, das hätten sie im Komitee erfahren. Die, die bleiben, müssen 250 Mark pro Person an das Komitee abführen.
Und wieder eine schlaflose, von Angst geplagte Nacht. Ich hatte es geahnt, als gestern jemand die ,,Nachricht" auftischte, die man schon lange nicht zu hören bekommen hatte — man fahre nach Hau-

se. ,,Jeschieh"-Meldungen — Rennert hat da wohl recht — haben schon immer Böses ahnen lassen.

Donnerstag, 16. Juli 1942

Und wenn man auch stählerne Nerven hätte, sie müßten, bei den Duschen, die man uns verabreicht, zerreißen. Den ganzen Tag über setzte sich in unverminderter Heftigkeit die Nervenoffensive fort. Wie man an einem Glockenstrang zieht, so wird mit meinen Nerven eine teuflische Gymnastik getrieben. So: man nimmt kein Geld mehr entgegen, dann — man nimmt, dann — man verlangt 250 Mark pro Kopf, dann — bloß 150 Mark pro Familie, dann — es gehen bloß die Ärmsten, die nichts zahlen können, dann — es gehen bloß die Bessaraber und die Nordbukowiner, dann wieder — nur die, die dem Komitee zur Last fallen, dann wieder hieß es — man habe bloß deshalb eine Panik erzeugt, um soviel Geld wie möglich zu erpressen, schließlich — alle Bessaraber und alle Nordbukowiner müssen ,,gehen", auch wenn sie Geld gegeben haben (das Geld wird ihnen zurückerstattet).
So wird an den Nerven diabolisch gezerrt und gerissen, immer näher dem Wahnsinn zu.

Freitag, 17. Juli 1942

Der Schrecken hat seinen Höhepunkt erreicht. Folgendes sagt nun jeder. Wir, Nordbukowiner, auch natürlich die Bessaraber, sind die Geopferten. Zuzuschreiben sei dies — so die allgemeine Annahme — dem unerklärlichen Haß, den die Spitzen des Komitees, der Suczawer Advokat Dr. Rosenstrauch und insbesondere sein eigentlicher spiritus rector, der Radautzer Kaufmann Moische Katz, gegen uns hegen. Es wird berichtet, daß der Dr. Rosenstrauch — oder war es Moische Katz — sich offiziell vor rumänischen Amtspersonen geäußert habe, er wisse, daß wir Nordbukowiner, auf das sich zurückziehende rumänische Militär (1940) geschossen hätten. Wie heißt es nur: Si non e vero, e ben trovato. Diese ,,Koloniechefs'' — so nennen wir sie hier, ich weiß selbst nicht warum — sind eine traurige Zugabe zu unserer Vernichtungslagerexistenz. Auch von anderen ,,Koloniechefs'' aus den anderen Vernichtungslagern Transnistriens erreichen uns immer wieder grauenvolle Erzählungen über ihr despotisches Gebaren, über die schändliche Rolle, die sie willfährig übernommen haben — sie, selbst Sklaven —, an der Vernichtung ihrer Mitsklaven, ihrer vormaligen ,,Brüder'', aktiv mitzuwirken.

Dienstag, 21. Juli 1942

Deputationen, Aufläufe, Verzweiflungsschreie, Weinen, Schluchzen — Szenen, die sich vor dem Gebäude am Rande des ,,Marktplatzes'', in dem das Komitee seinen Sitz hat, abspielen. Ein gewisser Erfolg wurde dann gemeldet: die Mächtigen sollen erklärt haben, sie würden sich bemühen, mit dem eingesammelten Geld für alle hier zu intervenieren, also auch für die Bessaraber und Nordbukowiner. Tatsächlich gibt es seit vier Tagen eine relative Ruhe. Viel Geld — so wird herumgesprochen — sei in diesen aufregenden Schreckenstagen in die Kasse des Komitees geflossen. Wieviel davon an den Prätor in Schargorod abgeführt wurde, damit er die ,,Gesereh'' (den Vertreibungsukas) aufhebe, — wer weiß es schon? Ob die ,,Gesereh'' tatsächlich vorhanden war oder ob sie eine bloße Geschäftserfindung des Komitees war, um das bißchen Geld, das bei einigen von uns wieder vorhanden war, abzuzapfen, auch darüber weiß ich, armer Menschenwurm, kein Herrscher, sondern obskurer Beherrschter, nichts auszusagen. Was wissen wir ,,Untertanen'' denn (schon früher nannten die Rumänen die Juden ,,târtani'' — eine Entstellung des Wortes ,,Untertan''), was in den Kesseln der ,,hohen Komiteeregierung'' gebraut wird.

Dienstag, 28. Juli 1942

Ein Bild des heutigen Tages:
Die Schwüle setzt von frühmorgens ein, Juden eilen, wie Schatten, umher, in den drei Stunden von sechs bis neun Uhr früh, die uns eingeräumt sind, das Nötigste für den Verbrauch des Tages zu ergattern. Doch scheint heute etwas nicht zu stimmen. Schon um halb neun wird man zurück in die Behausungen gejagt: es sei nämlich — heißt es zur Erklärung — der Major da. Was für ein Major, das fragt niemand; im Schreck eilt alles in die Elendsquartiere. — Und dann geht's los: Die Gendarmen beginnen ihre Jagd auf die paar Säumigen. Eine ältliche Frau, die auf der Gasse, zwei Kübel Wasser tragend, erjagt wird, bekommt ein paar Peitschenhiebe übers Gesicht; da sie nicht rasch genug davonläuft, bekommt sie, als Zugabe, einen Hieb übers Auge. Ihr Geschrei quittieren die Schläger mit sadistischem Gelächter. — Und da steht eine andere Frau an der Tür ihrer Behausung und schaut dieser Szene irgendwie gebannt zu, unterläßt es, rasch im Hause zu verschwinden. Und schon taucht der Mann mit der Peitsche vor ihr auf und schon höre ich gellende, ins Mark dringende Schreie. Hierauf stürzen die Helden auch in die Behausung, in der ich diesen Szenen zugeschaut habe; die erste Person, auf die sie dabei im Flur stoßen, ist zufällig die ,,Chasiajka'' (die Hausbesitzerin) — sie ist zwar Ukrainerin, doch, offensichtlich in der Meinung, sie sei Jüdin, verabreichen auch ihr die Schergen einige blutgezeichnete Peitschenhiebe. Sie stürzt dann in die uns vermieteten vier kahlen Wände mit einem jämmerlichen Geschrei, warum man sie ,,wegen der verfluchten Saujuden'' geschlagen habe. — (Es ist dieselbe Chasiajka — früher erwähnt —, deren fünfjähriges Kind den klaren Unterschied kennt

zwischen Menschen und Juden, einen Unterschied, den es gewiß von seiner Mutter her hat, die uns derart drastisch den Erfolg der 25jährigen sowjetischen Neuerziehung in puncto Juden vor Augen führte). — Es war unser Glück, daß die Gendarmen nicht bis zu uns eingedrungen waren.
Ähnliches hat sich, wie später zu erfahren war, in fast allen Unterkünften der jüdischen ,,Kolonisten" abgespielt, wo heute viel Blut, jüdisches Blut, vergossen wurde.

Donnerstag, 30. Juli 1942

Der Tagesbefehl: Kein Jude darf an diesem Donnerstag auf die Gasse kommen. Totaler Hausarrest. Ja, auch ans Fenster, oder was man so nennen kann, darf keiner kommen, auch nicht an die Türspalte. Es darf ein jüdisches Gesicht ja nicht einem Draußenstehenden in den Blick kommen. Ursache dieser Verordnung? Es kommen 40 rumänische Offiziere nach Dschurin. Und wieder packt uns die bange Furcht, daß uns das Schicksal der Kopaigoroder Juden erwartet, daß diese angekündigten Offiziere mit dem Auftrag kommen, endlich einmal auch Dschurin judenrein zu machen.
Ans Fenster wage ich mich natürlich nicht. Doch sehe ich, auch ohne bis ans Fenster gehen zu müssen, einen Trupp Soldaten herannahen. Und plötzlich — ein Gerassel von Gewehren unter dem Fenster, ein Gestampfe und ein Gepolter, Kommandorufe werden gebrüllt, einige davon dringen verständlich ans Ohr: ,,Die Eingänge des Hauses besetzen — Feuer — wer sich wehrt." Und schon sehe ich am Fenster Soldaten mit gezücktem Gewehr vorbeihuschen, dem Hauseingang zu.
Todesangst befällt mich. Der Körper wird von spasmischen Zuckungen befallen, die Phantasie arbeitet fieberhaft: *Bald sind sie drinnen, jeder wird hinausgejagt und bekommt seine Kugel ab.* Nemirow, Winniza, Jeroschinka — die Namen dieser Orte, in denen, wie wir

hier wissen, die Deutschen hausen und Juden ,,liquidieren'', werden in mir lebendig . . .
Die Rumänen übernehmen die deutschen Methoden — wie sollte es auch anders sein . . Ich erlebe zum erstenmal das, was ich bisher nur in Schauerromanen gelesen hatte, nämlich, wie das eigentlich ist, wenn Zahn an Zahn klappert und Angstschweiß auf die Stirne tritt. Ich mache Anstrengungen, mich zu beherrschen: einmal muß es ja sein. Ich bin Jude und habe schon zu lange gelebt, die 30 überschritten. Wie recht doch Heine hatte: Judentum ist keine Religion, Judentum ist ein Unglück. Wie seltsam! Auch die Individualgeschichte wiederholt sich. Jetzt fällt's mir ein. Der Landstrich hier ist für mich ja gar nicht erstmalig. Ist das hier nicht das Gebiet Podolien oder dessen Nachbargebiet? Podolien ist ein Gebiet, in dem ich schon als kleines Kind eine Vertreibung erlebt habe. Es war dies im Ersten Weltkrieg. Die Russen — das russische Schwein, das sich seit 1918 nach links wälzt, wälzte sich damals noch nach rechts —, die russichen Kosaken drangen 1915 in meinen Geburtsort ein, eine Ortschaft an der Grenze zur Bukowina, jagten mit der Nagaika alle Juden im Laufe einer Stunde aus ihren Häusern und trieben uns Tage und Nächte lang über Felder und Wiesen, bis sie uns schließlich irgendwo hier in der Nähe liegenließen. Auch damals begannen sofort Hunger und Typhus ihre Ernte zu halten. Zuerst ging meine Mutter zugrunde, nicht lange danach folgte ihr der Vater in den Tod. Meine Großeltern nahmen mich, das Waisenkind, zu sich nach Czernowitz — Hauptstadt der Bukowina, die nach Kriegsende an die Rumänen übergeben worden war. In Czernowitz wurde ich nun großgezogen, auf Schulen geschickt, doch was nützte es? Die Rumänen waren den Juden nicht besser gesinnt, als es die zaristischen Russen gewesen waren. Entrechtung, Diskriminierung, Schikanen aller Art, ja auch Totschlag, das war jüdisches Schicksal unter den Rumänen. Da mir die rumänische Staatsbürgerschaft nicht zuerkannt wurde, erwiesen sich alle meine Studien als nutzlos. Namen wie Cuza, Goga, Codreanu (Grüne Garde), Antonescu aktualisierten für die Juden Rumäniens den biblischen Haman und waren das Pendant Hitlers für die Juden Rumäniens.

Als dann im Juni 1940 die Russen die Nordbukowina besetzten, meinten wir, in ihnen unsere Befreier gefunden zu haben. Welche Enttäuschung! Nach einem Jahr materieller und seelischer Misere flüchteten die Russen Hals über Kopf vor Hitlers Kriegsscharen und überantworteten uns der Barbarei der früheren rumänischen Judenfeinde, die 1940 feige und widerstandslos unter der Drohung Molotows die Nordbukowina den Russen abgetreten hatten und jetzt, mit Hitlers Hilfe, die Kriegshelden spielen konnten und sich ausgerechnet an den Juden für ihre feige Flucht vor den Russen rächen wollten.

— Diese Gedanken flitzten mir jetzt durch den Kopf, so, als sollten sie mir das nahende Ende quasi als naturbedingtes und mit Stoizismus entgegenzunehmendes Judenschicksal erscheinen lassen. Doch alle meine gedanklichen Bemühungen um Selbstberuhigung, um Todesverachtung, blieben erfolglos, die Nerven gehorchten keinem Zureden und der Körper schüttelte sich, vibrierte wie ein von Fallsucht Ergriffener.

Fünf Minuten, die schrecklichsten, seit ich hier bin, vergingen. — Welches Wunder! Kein Soldat ist ins Zimmer getreten. Ein beruhigender Gedanke schleicht sich ein: Vielleicht ist das Ganze bloß Manöver. Eine halbe Stunde verrinnt. Es stellt sich heraus: es war tatsächlich ein Manöver gewesen, wie man ein Haus stürmen soll. Zum Glück also war es bloß ein Manöver gewesen. Zum Glück? Und wären sie tatsächlich gekommen, um mich zu ermorden, hätte ich denn nicht genau dasselbe durchlebt? Nur hätte dann alles ein Ende für mich gehabt, während das „Glück", das mir widerfahren ist, darin besteht, daß ich aufbewahrt wurde für weitere Qualen, für weiteres Zittern und Bangen.

Wenn ich das alles in erster Person erzähle, dann nicht etwa, weil ich der einzige war, der durch diese Todesangst hindurchgegangen ist. Tatsächlich, kaum war der Spuk vorbei und die Luft rein, kamen Nachbarn zu uns hereingestürzt, und in ihren Gesichtern war die durchlebte Todesangst noch ganz deutlich abzulesen. Sie beschrieben — sie bemühten sich, dabei zu lächeln —, was sie alles an Schreck erlebt hatten, als sich Soldaten an ihren Türen postierten und als sie die gebrüllten Befehle vernahmen.

Natürlich fragten wir uns, sozusagen apropos, warum die Rumänen nicht wie die Deutschen jenseits des Bugs mit uns verführen und ob die Vorgangsweise der Rumänen wirklich die humanere sei. Jedenfalls wird uns auch von den Rumänen hier das Bewußtsein darüber wachgehalten, daß unser Leben an einem Faden, einem äußerst dünnen, hängt, und damit wir dies ja nicht vergessen, wird jeden Tag an diesem Faden ein wenig gerüttelt . . .

3. August 1942

Und nun haben wir auch schon das angekündigte Ghetto. Ghetto Dschurin. Soll das der Vorbote des ,,Auszugs'', des Vertriebenwerdens aus Dschurin sein? Da wird der Befehl erteilt, ein ganzes Viertel zu räumen. Etwa 1400 Juden sind davon betroffen. Es kommt — für den hämischen Zuschauer gewiß belustigend — Bewegung ins Volk. Die Evakuierten tragen ihr ,,Mobiliar'' in neue Massenquartiere: der eine zwei Bretter auf vier Holzpflöcken — es ist dies sein Nachtlager; der zweite trägt gar einen ganzen Holzplanken — unklar, welche Verwendung diesem ,,Möbelstück'' im neuen Haushalt zugedacht ist; ein dritter schleppt mit sich ein verrostetes Eisenherdchen auf dreieinhalb Beinen und ein paar Bündel dazu, Bündel, wie die anderen sie auch tragen. Eine höchst anschauliche Revue jüdischen Elends.

14. August 1942

So ging es einige Tage lang in einem ziemlich gemächlichen, unüberstürzten Tempo, da der Häuptling der Gendarmen auf Urlaub und die ,,Luft'' dadurch etwas milder war. Nun ist er zurück und neuer Schrecken mit ihm. Die noch Säumigen wurden blutiggeschlagen, manche halbtot. Damit nicht etwa die falsche Vorstellung aufkomme, Ghetto bedeute bloß, daß dort, wo sechs Personen in einem Raum gehaust hatten, jetzt zwölf oder fünfzehn hausen müssen, und daß dies alles sei, was mit dieser ,,Wohnreform" bezweckt war, ließ der Gendarmenchef an allen Ausgängen des umliegenden Dorfes Milizionäre postieren, mit dem Auftrag, den Bauern den Zutritt ins Ghetto mit Lebensmitteln zu verwehren. Ghetto soll richtiges Lager bedeuten — also Aushungerung in Massenquartieren. Dies also war der Sinn der ,,Neuerung". Schlimm war es die ersten paar Tage des neuen Regimes. Doch zum Glück lockerte sich die ursprüngliche Strenge. Verzweifelt-Mutige begannen sich ins Dorf einzuschleichen, um etwas Eßbares zu erstehen oder einfach zu erbetteln, und der ,,Chef" drückte ein Auge zu.

8. September 1942

Wir — die noch Lebenden — befinden uns nicht mehr so einfach in Dschurin, sondern im Ghetto Dschurin. Dieses erstreckt sich von der Brücke des am Rande der Ortschaft träge dahinrinnenden Baches bis zum Friedhof. An der Grenze des Ghettos ist ,,jüdische Polizei" postiert. Innerhalb der neuen ,,Staatsgrenzen" fällt es gar oft dem Beobachter schwer, zu entscheiden, ob der Jude da, der an ihm vorbeihuscht, ein Lebendiger oder gar ein Toter ist. So manches Gesicht — man könnte darauf schwören — gehört offensichtlich einem soeben aus seinem Grabe Entstiegenen, der Anblick unserer Wohnverhältnisse wird den Grabesflüchtling gewiß veranlassen, schleunigst und reuig in sein gemächliches Einzelquartier am Dschuriner Friedhof zurückzukehren. Daran wird ihn auch der am Friedhof postierte Polizist nicht hindern können.
Paradox nur, daß die Rumänen, die ja laut verkünden, sie kämpften gegen den Kommunismus, uns Juden hier das Leben in einer Kommune beibringen wollen. Wo früher fünf bis sechs Personen in einem

Raum beisammen hausten, sind es jetzt zwölf, manchmal fünfzehn, die daran gehen, ihr ,,Leben'' (man verzeihe das Wort) auf neuen, gemeinschaftlichen Grundlagen aufzubauen. Unsere Behausungen sind in ,,kommunistische Zellen'' umgewandelt.
Auch der allgemeine Charakter des neuen jüdischen Dschurins hat eine gründliche Wandlung erfahren. Was das Kennzeichnende des neuen, des Ghettos Dschurin ausmacht, das vermag weder Aug noch Ohr zu erfassen. Es bleibt ausschließlich Domäne der Nase. Was von nun an Dschurin seinen Stempel aufdrückt, das ist sein Gestank. Wenn ich sage: es stinkt zum Himmel, so ist das beileibe keine zornige Redefigur, nichts was übertragenen Sinn hätte. Es stinkt zum Himmel im derbsten und prosaischsten Sinne des Wortes. Ein vielfältiges, ungemein kompliziertes Gewirr von Mißgerüchen, das betäubt und Herzen der Ohnmacht zuführt, das ist die spezifische, konkrete Atmosphäre des Ghettos Dschurin.
Der Hauptgrund dafür dürfte im Fehlen von Klosetts zu finden sein. So kommt es, daß alle ,,Kommunen'' von Klosettprodukten umgürtet sind und daß, wo Erdboden ist, auch zugleich Klosett ist oder es morgen werden wird. Wenn man aber entsetzt über den Gassengeruch sich in ein ,,Zimmer'' flüchtet, so wird man rasch in die Gasse zurückgeschnellt — dort war es doch erträglicher —, um sich dann doch wieder ins Innere der Behausung zu flüchten; so könnte es weitergehen bis zur endlichen Verwirklichung des so lange erträumten Perpetuum mobile.
Die einzige Rettung vor seiner eigenen Nase ist die Flucht in die Abstumpfung, in das ,,Damit-muß-man-Leben'', eine, zugegeben, entsetzlich schwierige Flucht. Daß bis jetzt die Pest noch nicht ausgebrochen ist, ist ein ebensolches Wunder, wie die Tatsache, daß in Dschurin noch Juden da sind, noch Juden leben, um der Pest ein Angriffsobjekt zu bieten.
Um das Bild von ,,Neu-Dschurin'' zu vervollständigen, muß noch etwas über sein seelisches Antlitz ausgesagt werden.
In diesem ,,autonomen'' jüdischen ,,Staatswesen'', mit seinen jüdischen ,,Polizisten'', die um einen Arm ein weißes Band haben, mit schwarzen Lettern darauf, die auf rumänisch stolz verkünden: ,,jü-

dische Polizei", in diesem neuartig-jüdischen „Staate", der sich geographisch vom Polizisten der Flußbrücke (genauer — Bachbrücke) bis zu dem am Friedhof postierten erstreckt, dessen Lebensstandard sich rühmen kann, zu den niedrigsten auf Gottes Erde zu gehören, ist eines auf der Höhe: seine „Moral". Und dies dank der unentwegten „Öffentlichkeitsarbeit" seiner „Jeschieh"-Apostel, die noch im Dezember vorigen Jahres den Zusammenbruch Deutschlands, das Ende Hitlers als imminent bevorstehend voraussagten, die sich im Januar dieses Jahres bereits für die Heimfahrt zusammenpackten und im Februar ihren Kopf hergeben wollten, wenn nicht noch in diesem Monat Februar das Ende unserer Leiden erfolgen sollte. Ungeachtet der unzähligen Blamagen, die unsere Hell-Seher bis jetzt erlitten haben, erfreuen sie sich ungeminderten und ungebrochenen Vertrauens, und alle ihre lichten Voraussagen, die immer kürzest befristet sind, werden mit Andacht angehört und gläubig aufgenommen. Freund Rennert kommentiert in seiner galligen Manier: „Die ‚Jeschieh-isten', diese Säulen der ‚Moral', wissen es, uns eine neue Überzeugung beizubringen, daß wir ganz getrost sein mögen, denn — Front hin, Front her — für uns sorgt England und von dort kommt die ‚Jeschieh' mit aller Sicherheit. Was England tut oder auch nicht tut, dürfe nicht mit prosaischer, grobschlächtiger Vernünftelei bewertet werden. Wenn England von Dünkirchen flüchtet, wenn England Singapur verliert, so liegt darin eine tiefe Mystik, eine Art Kabbala, die eben nur den Eingeweihten verständlich ist. Weit davon, darüber in Trauer zu geraten, zwinkern wir Wissenden uns wissend zu, wir — ja *wir* verstehen den tieferen Sinn. Wir wissen's: England siegt, indem es verliert, England kämpft für unsere ‚Jeschieh', indem es nicht kämpft. Oh, ihr Oberweisen! Da kommt ihr daher mit euerem ungeduldigen Urteil, das sei eine Kriegsführung, die zuviel Zeit in Anspruch nimmt, währenddessen sich zusehends die Haufen von Toten, von ausgelöschten Judenseelen türmen. Ihr Undankbaren! Seht ihr nicht, wie England jeden Tag auch Tausende von Russen opfert, um Deutschland zu schwächen, jeden Tag Tausende von Engländern nicht opfert, um England zu stärken. Daß wir Juden, hier, und, wie wir zu hören bekommen, auch überall dort, wo deut-

sche Soldaten hinkommen, indessen zugrunde gehen oder ermordet werden — ihr Dummen, warum bedenkt ihr nicht, daß dafür die Engländer am Leben bleiben, daß uns das Sterben leicht fallen muß, im Bewußtsein dessen, daß der schließlich siegen wird, der unsere Partei ergriffen hat. — Somit, Brüder, nur nicht gesorgt! Bald kommt ein zweiter Winter? Keine Sorge! Bis dahin ist die ‚Jeschieh‘ da."
Ich zu Rennert: ,,Ihrem Kommentar, Herr Rennert, fehlt der gebührende Abschluß."
Rennert: ,,Wieso? Welcher Abschluß?"
Ich: ,,Sie sollten, glaube ich, Ihren Kommentar mit dem sonst Ihnen geläufigen Ausspruch abschließen: Wehe mir und meinem Gespött."

Montag, 14. September 1942

Samstag und Sonntag ,,feierten" wir Neujahr nach jüdischem Kalender, Rosch Haschanah. Zum Neujahr war es ja früher üblich, Neujahrsbotschaften zukommen zu lassen. Die hatten wir auch diesmal hier in Dschurin. Sogar zwei.
Eine überbrachten uns zwei aus dem Lager von Petschora geflüchtete Juden, von denen nur einer richtig reden konnte — der andere, dem sichtlich der Schreck noch in allen Gliedern steckte, konnte kaum den Mund auftun. Sie haben beide zugesehen, wie an die 1400 Juden dort hingemetzelt wurden. Wie sie dem Gemetzel entkommen sind, habe ich nicht weiter geforscht. Dies war die eine Botschaft, die der eine, dessen Rede man noch verstehen konnte, uns zum Neujahr überbracht hat.
Eine zweite Botschaft kommt von jenseits des Ozeans; sie soll in den Zeitungen gestanden haben und eine gute Botschaft sein. Eine Rede Roosevelts: was er alles im nächsten Jahr, 1943, vollbringen werde. Wahre Wunderdinge, um den Hitlerismus fertigzukriegen.
Wenn wir hier bis zum Beginn der Rooseveltschen Rettungsaktion nicht an die Reihe gekommen sind, in die sich Winniza, Nemirow,

Petschora und all die anderen Orte eingereiht haben, in denen Juden abgeschlachtet werden, so werden wir wahre amerikanische Wunder erleben.
Neujahr im jüdischen Kalender. Und die Überlegung drängt sich mir auf, daß es dieser jüdische Kalender ist, der sozusagen in direkter Linie uns hieher nach Dschurin geführt hat. Und ich frage mich: Warum? Ist dieser jüdische Kalender ein so schweres Verbrechen, daß es nur durch Dschurin gesühnt werden konnte, oder, schlimmer noch, durch Winniza, Nemirow, Petschora?

Dienstag, 22. September 1942

Gestern war Versöhnungstag, Jom Kippur. Das elende Häuflein Dschuriner Juden strömte ins Bethaus — gläubige Juden wie auch ungläubige.
Als man am Sonntagabend die rührende Kol-Nidre-Melodie anstimmte, da brach sich alles Leid, tausendfältig angequollen, angeeitert, durch und es hub ein Weinen und ein Schluchzen an, das nicht enden wollte und das mich zutiefst erschütterte. Ich verstand dies Weinen nur allzu gut, man beweinte die verlorenen Kinder, die verlorenen Väter und Mütter, man weinte ob des verlorenen und vernichteten Lebensglücks — denn dies war einem jeden, der hier, an dieser Stätte des Betens, noch weinen konnte, klar und deutlich, daß selbst wenn einer Gules Dschurin hinter sich haben würde, sein Lebensglück für immer erloschen sein werde. Es gibt gewiß so manchen unter den hier von dem aus Blut und Tränen entsprungenen Kol-Nidre-Gesang Ergriffenen, der sich dessen bewußt ist, wie symbolisch richtig dieses große Gewein gerade an dieser Stätte ist, der sich dessen bewußt ist, daß aus diesem Bethaus Israels Leid in den Jahrhunderten gequollen ist — weil es ihm zwar zu teuer, zu seelennah war, um es zu verwerfen, jedoch nicht teuer genug, nicht wichtig genug, um eine Mauer, eine Festung darum zu errichten, woran zu rühren Feinde nicht wagen sollten . . .

Sonntag, 4. Oktober 1942

Heute war wieder der deutsche Hauptmann aus Wuppertal bei meinem Bekannten Menczer zu Gast. Dieser Deutsche (der manchmal auch Kurierdienste verrichtet) ist, wie es scheint, einer derjenigen, die die jüdische Geschichtstradition als ,,die Frommen unter den Nichtjuden" (,,Chassidej Umot Haolam") bezeichnet. Es gab diesmal mit ihm ein längeres Gespräch, in dessen Verlauf der Hauptmann verriet, daß noch vor Monaten Hitler eine Konferenz — wenn ich nicht irre, in Berlin — einberufen hat, in der offiziell die ,,Endlösung" der Judenfrage beschlossen wurde, die physische Vernichtung der Juden überall dort, wo die Deutschen das Sagen haben. Diese Ausrottung gehe schon mit deutscher Gründlichkeit in einer Reihe von Konzentrationslagern vor sich. Dies alles berichtete mir Menczer, mit der Bitte, es ja nicht weiter zu verbreiten. Dies war ja schon betrüblich genug, doch nicht weniger traurig ist das, was er mir außerdem aus seinem Gespräch mit dem Hauptmann wiedergab. Er, Menczer, habe ihn über die Reaktion der Engländer und Amerikaner auf das Vorgehen Hitlers gegenüber den Juden befragt. Bestürzend, was der Hauptmann darauf geantwortet hat. Die Engländer seien vom Herzen froh darüber, daß Hitler ihnen behilflich ist, das leidige Palästina-Problem elegant zu lösen: dadurch, daß Hitler die Juden Europas ausmerzt, werde es keine Prätendenten mehr für die Einwanderung nach Palästina geben, und England werde dann endlich die Araber mit der Annulierung der Balfour-Deklaration beglücken können, denn es gäbe dann keine Juden mehr, die einer ,,nationalen Heimstätte" bedürftig wären.
Auch die Amerikaner, die nicht-jüdischen, lasse das Schicksal der Juden völlig kalt, denn Judenfreunde seien ja auch die nicht, wie sie es schon bei der vor dem Krieg stattgefundenen Evian-Konferenz gezeigt haben, als sie sich kategorisch weigerten, jüdische Flüchtlinge aus der Einflußsphäre Hitlers in Amerika aufzunehmen. Dieselbe Weigerung sprachen übrigens auch die anderen Konferenzteilnehmer aus, wodurch die Völker der ganzen Welt dem Judenfresser Hitler die Juden, ohne geringste Gewissensbisse, zum Fraße hingewor-

fen hatten. In Amerika gebe es zwar einen beträchtlichen jüdischen Bevölkerungsteil, doch auch die Juden Amerikas rührten keinen Finger, um etwas für die Juden in den Fängen Hitlers zu unternehmen. Sie fürchten — sie sagen es natürlich nicht offen — die Konkurrenz eventueller größerer jüdischer Einwanderungsquoten in Amerika, sowie die Verschlechterung ihres gesellschaftlichen Status innerhalb der amerikanischen Gesellschaft. Genau dasselbe war ja, vor und nach dem Ersten Weltkrieg, das Verhalten der deutschen Juden gegenüber den Ostjuden, die nach Deutschland kamen und die die deutschen Juden rasch weghaben wollten, da sie in diesen Ostjuden Störgeister sahen in ihren Bemühungen um rasche Assimilation an die Deutschen. — Wir Juden, hier in Transnistrien, meinte der deutsche Offizier, sollten uns glücklich preisen, daß wir unter rumänischer und nicht deutscher Verwaltung stehen; wir sollten Gott bitten, daß die Rumänen ja nicht von den Deutschen abfielen, denn dann würden die Deutschen auch Transnistrien in ihre Hand nehmen und das wäre unser rasches Ende. —
Soweit Menczer und sein Bericht. Es ist zwar jetzt noch jüdischer Feiertag mit herrlichem Herbstwetter, doch was ich da zu hören bekommen habe, läßt alles andere als feierliche Stimmung zu. Beklommenen Herzens notiere ich den heute erhaltenen ,,Großlage-Bericht". Werden die Rumänen bis zu Schluß — frage ich mich — wirklich nicht das deutsche Beispiel in puncto Juden befolgen?

Dienstag, 6. Oktober 1942

Vier Uhr früh. Früh? Oder gar noch Nacht? Es wird heftig ans Fenster meines Stübchens geklopft. Wer dort? — Jüdische Polizei. Das Herz beginnt wild zu pochen. Gutes kann dies nicht sein. Und in der Tat: ,,Auf und zur Arbeit." Um vier Uhr verständigt. Spätestens um sechs Uhr an der Sammelstelle erscheinen!
Das ist nun etwas ganz Neues. Solche Weckerei, zudem noch in der

Nacht, das gab es bisher nicht. Ich höre mich, im Morgengrauen, im Ghetto um; im Ghetto ist erregte Bewegung, ist Panikstimmung. Ich erfahre es endlich: es soll diesmal nach Krischopol gehen. Krischopol? Das soll 90 km von hier entfernt sein, so sagen es die Einheimischen, also ist es nicht mehr Lokalarbeit, sondern weit weg, also bei den Deutschen. Aha! Ich beginne das Schreckliche zu begreifen. Das Befürchtete ist schneller eingetreten, als ich gedacht habe: die Rumänen schwenken auf die Linie der Deutschen ein, es wird nun auf die direkte physische Vernichtung der Vertriebenen losgesteuert. Nicht zwar durch Massenhinrichtungen — es soll in Etappen erfolgen. Schlau, wie die Rumänen schon sind (sie rühmen sich, ,,şmecheri'', d. h. Schlaufüchse zu sein), wollen sie sich nicht die Hände mit jüdischem Blut beschmutzen, sie überlassen es den Deutschen, dieses Geschäft zu besorgen, man könnte ja eines Tages ein Alibi brauchen. Um andererseits die Opfer für den Opfergang leichter zu bewegen, gebrauchen sie das nicht so schreckliche Wort ,,Arbeit'', denn schließlich war ja bis jetzt die ,,Arbeit'' in Dschurin selbst oder nicht weit weg von Dschurin zwar kein besonders angenehmer Zeitvertreib, immerhin aber keine Lebensbedrohung. Jetzt aber wird ,,Arbeit'' zum Tarnwort, zum Euphemismus für die Verschickung von jüdischen Männern zu den Deutschen. Dort wird ihnen der letzte Tropfen Arbeitskraft ausgepreßt und dann — die Kugel.
Natürlich erscheint so gut wie keiner von den Geweckten an der ,,Sammelstelle''. Hierauf setzt die Staatsgewalt ein. In ,,internationaler'' Harmonie ist ,,unsere'' jüdische Polizei mit den rumänischen Gendarmen hinter den Widerspenstigen her. Wo der Gerufene nicht angetroffen wird, werden die Hausleute, die Familienangehörigen tüchtig verprügelt, dann als Geiseln genommen. Bis das Opfer sich einfindet. Da auch diese Methode nicht ganz erfolgreich ist, werden Männer in den Gassen abgefangen. In Kellern und Dachböden suchen die Gejagten Zuflucht und Versteck. Meistens erfolglos. In den Nachmittagsstunden ist die Zahl der für den ,,Arbeitseinsatz'' Vorgesehenen endlich erreicht. Blutig geschlagen — in brüderlicher Eintracht schlugen Juden und Rumänen — stehen sie da, ein jämmerlicher Haufen, mit einigen Lumpen auf sich, zum Abmarsch bereit.

Kinder und Frauen weinen bitterlich zum Abschied. Das Herz sagt ihnen, es ist ein Abschied für immer.
Dies alles erfuhr ich gegen Abend, als ich mich aus meinem Versteck herauswagte. Zur Erklärung für den, der vielleicht mal diese meine Aufzeichnungen wird lesen wollen: Ich habe das Glück gehabt, ein Stübchen bei einer ukrainischen Familie mieten zu können, ganz am Rande des Ghettos. Hinter dem Hause schließt sich dichtes Gebüsch an und Baumbestand — eine günstige Möglichkeit, ein schützendes Versteck zu finden. Ob mir, wenn die Aushebungen weitergehen, das Verstecken gelingen wird?

Sonntag, 25. Oktober 1942

Ist der liebe Herrgott unter die Spötter gegangen? Macht er sich über uns lustig? Welch schmerzlicher Kontrast zwischen dem heutigen wunderschönen Herbsttag und dem, was in unseren Herzen vorgeht. Sozusagen als Salz auf unseren Wunden tauchen zwei Flüchtlinge aus Kamenez-Podolski bei uns hier auf. Ihr Bericht: Juden wurden in einem Keller eingeschlossen, der hierauf vermauert wurde. Drei Tage hörte man das Gejammer der Eingemauerten aus dem Keller dringen, dann wurde es still. Andere Juden wurden zu fünft in eine Reihe gestellt, und für jeden dieser fünf wurde eine Kugel bestimmt. Wurde einer nicht getroffen, so wurde er lebendig begraben. Solcherart Sport — berichten die Flüchtlinge — wird seit einem Jahr überall dort getrieben, wo die Deutschen das Sagen haben, so z. B. in Proskurow, in Bar und in anderen Orten, die die Flüchtlinge genannt haben, die ich nicht im Gedächtnis behalten habe.
Eine Schreckensnachricht kam heute noch aus Jampol „ergänzend" hinzu.

Donnerstag, 29. Oktober 1942

Gestern wurden wieder 100 Männer zur ,,Arbeit'' einberufen, und wieder wurde Krischopol als ,,Arbeitsstätte'' genannt. Da der schwarze 6. Oktober noch jedem von uns frisch im Gedächtnis ist — von den damals Verschleppten ist zu uns noch keine Kunde gedrungen —, wiederholten sich die Flucht- und Versteckversuche, diesmal mit etwas mehr Erfolg. Man hatte ja inzwischen mehr ,,Erfahrung'' gewonnen.

Auch mir ist es wieder gelungen, das richtige Versteck zu finden. Ich weiß, diese Eintragung könnte auch meine letzte sein. Ich sollte da irgendeinen beeindruckenden Schlußsatz hinschreiben. Doch nur nach Literatur steht mir nicht der Sinn . . .

6. Juli 1943

Acht Monate hat meine Chronik geschwiegen. Was mich persönlich betrifft, so hat sich meine geschützte Wohnlage bisher bewährt. Doch warum eigentlich blieb meine Chronik stumm? Offensichtlich schien es mir, daß ,,Dschurin" bald zu Ende sein werde, so oder so. Doch auch hier erweist sich das Wort des Franzosen als zutreffend, wonach nichts so lange dauert wie das Provisorische. ,,Dschurin", das Judenlager Dschurin ist nicht liquidiert. Eine gewisse Statik hat sich da inzwischen herausgebildet. Ein Kristallisationsprozeß ist vor sich gegangen.

Die amorphe Masse hat sich geschichtet, geteilt und gegliedert, und gar wundersam ist es, zu sehen, wie aus dem gleichartigen Haufen gleich unglücklicher, entwurzelter, aus ihren Heimen vertriebener Juden, die hieher, nach Dschurin verschlagen wurden, sich eine solche Mannigfaltigkeit von Lebensbedingungen, von Schicksalen, von Vermögensverhältnissen, von Macht und Einfluß herausgebildet hat. Die Judengemeinde Dschurin, die noch immer, dank der hinzukommenden Flüchtlingen aus allen Richtungen, an die 2000 Seelen zählen dürfte, bildet eine Einheit nur dem Namen nach. In der Tat aber besteht diese ,,Gemeinde" aus zwei radikal geschiedenen Schichten: die obere Schicht, die der Herrschenden (mit der vom Erzfeind, in listiger Tücke, verliehenen Machtfülle) und die untere, die der Beherrschten, der doppelt und dreifach Beherrschten — von den Juden des ,,Komitees", von den Rumänen und, in letzter Linie natürlich, von den Deutschen.

Die Komiteeherren — was wissen die schon, was Dschurin eigentlich ist? Nicht nur, daß sie nichts von dem permanenten Schrecken spüren, in dem die Masse der Dschuriner Juden, die große Masse, lebt, vom Schrecken der Geißel ,,Arbeit" (= Weg in den Tod), nicht nur, daß sie unberührt bleiben von der Panik, die im Lager an den Schreckenstagen herrscht, wo zur ,,Arbeit" eingefangen wird. Umgekehrt — es scheint so, als würden sie, diese Olympier, ein Vergnügen daran finden, die angstverzerrten Gesichter vor sich zu sehen, die Gesichter von Müttern, Kindern und Frauen, die die Ihrigen vom zur

,,Arbeit" Verschickt werden losbitten möchten, sie jedoch, die Verfasser der ,,Arbeiterlisten" und Befehlshaber der jüdischen Polizisten, ihrer Befehlsvollstrecker, unerbittlich bleiben, wohl im Bewußtsein, daß sie durch ihren Henkersdienst ihre Lebens- und Überlebenschancen sichern.
Was uns, Juden der Unterschicht, auch noch verbittert, ist der Umstand, daß wir den Verdacht nicht loswerden, daß diese ,,Hofjuden" die Hilfsbereitschaft der im Altreich Rumäniens verbliebenen ,,Glaubensbrüder" mißbrauchen: die meisten Gelder und andere Sachen (Kleider, Lebensmittel, Medikamente u. a.), die jene dort nach Dschurin schicken, gelangen in die Hände der Komiteeniks und kein Mensch von uns da unten kann wissen, was und wieviel an diesen Händen kleben bleibt und wieviel davon auf die Masse, die notleidende, herabfällt (für die das Geschickte ja eigentlich bestimmt ist), denn die Oberherren herrschen ohne Kontrolle und ohne Zensur, und nur soviel ist gewiß, daß wir Kleinen von den gesandten Liebesgaben nur wenig abbekommen.
In Ausübung seiner ,,autonomen Regierungsgewalt" hat sich das Komitee mit einem ganzen Beamtenapparat umgeben, innerhalb dessen eine besondere und besonders gefürchtete Macht dem ,,Arbeitsminister" Buxbaum zukommt. Er ist es, der den Personalstand der ,,Gemeinde" genau zu erkunden hat, insbesondere um die (noch) Arbeitsfähigen zu erfassen; so kann er dem Komitee die Vorschläge unterbreiten über die jeweils zur ,,Arbeit" zu Verschickenden. —
Um für uns Unterschichtigen nicht einzig als Hilfsarm der rumänischen Vernichtungsgewalt dazustehen, um sozusagen Sympathien zu mobilisieren, unterhält das Komitee noch immer die ,,Volksküche", verteilt, wenn auch spärlich, einiges von den aus dem Altreich geschickten Hilfsgütern und hat auch noch einen ,,Gerichtsapparat" ins Leben gerufen, bestehend aus Advokaten und Richtern zweier Instanzen (!), die über Streitigkeiten unter den ,,Gemeindemitgliedern", insbesondere in Zusammenhang mit der Maklertätigkeit der ,,Spekulanten" — darüber ist noch zu berichten —, zu entscheiden haben. Die erflossenen Urteile haben auch Exekutivgewalt dadurch, daß das Komitee eine ,,Haftanstalt" eingerichtet hat, nach seiner

Baulage ,,Keller" genannt, in der auch die Recalcitranten bei den Arbeitsaushebungen mit Arrest bestraft werden. Die Furcht vor den Größen des Komitees ist eine hundertprozentige geworden, seitdem einige Murrer, ungeachtet ihrer sozialen Stellung, die sie vormals hatten (es waren Ärzte und Advokaten), von den Komiteespitzen Ohrfeigen und Stockhiebe kassiert haben, und seitdem der aus Wischnitz stammende Dentist Loniu Hirschorn, der es gewagt hatte, von Mißbrauch und Willkür der Regierenden zu reden, von Gendarmen in der Nacht, mitsamt seiner ganzen Familie ausgehoben, verprügelt und in ein Lager am Bug abtransportiert worden ist. Seitdem dieses abschreckende Beispiel statuiert wurde, gibt es keine — auch nicht verbale — Opposition mehr, selbst nicht bei denen, die, weil an die 70, vor der Geißel ,,Arbeit" nicht mehr zu zittern brauchen.

Im weiteren Sinne kann zur Oberschicht auch noch eine zweite Gruppe, ja auch noch eine dritte Gruppe gezählt werden.

Eine zweite Gruppe, zwar in respektabler Distanz zu den Komiteemächtigen, jedoch auch zu den Schicksalsbegünstigten zählend, sind die paar Familien und Alleinstehenden, denen es geglückt ist, eine direkte und laufende Verbindung durch deutsche oder auch rumänische Kuriere mit bemittelten oder einflußreichen Verwandten oder Freunden im rumänischen ,,Hinterland" herzustellen, und die so wenigstens materieller Sorgen enthoben sind.

In eine dritte Gruppe Oberschichtiger sind, nebst den bereits erwähnten Mogilew-Fahrern, die ,,Spekulanten" einzureihen. Wir belegen mit dieser Bezeichnung die Angehörigen der sich hier mit der Zeit herausgebildeten ,,Berufsbranche" der Unterhändler, der Makler, die aus der Not der Masse Kapital, oft nicht unbeträchtliches, schlagen. Wenn ein Lagerinsasse so weit ist, das Wertvollste, das er noch besitzt, einen letzten Mantel etwa, oder irgendein, den Räubern entgangenes, goldenes Schmuckstück oder eine Uhr verkaufen zu müssen, so erhält der Eigentümer bestenfalls 50 % des Erlöses, der Vermittler, der ,,Spekulant", der den Käufer gebracht hat (gewöhnlich einen Ukrainer, oft auch rumänische Aufkäufer) und der als einziger unter Ausschluß des Eigentümers mit dem Käufer verhandeln darf,

kassiert die restlichen 50 % des Verkaufspreises. — Zum Verkauf gelangen auch so manche der Sachen, die den Inhalt der Pakete ausmachen, die von den Kurieren dem einen oder anderen hier gebracht werden. Der größten Berühmtheit in dieser Vermittlerbranche erfreut sich ein gewisser Scherzer.
Natürlich kommt es meistens zu Auseinandersetzungen zwischen dem Verkäufer und dem Makler, da der Käufer nur allzu oft den Eindruck hat, vom Unterhändler übers Ohr gehauen worden zu sein. Dann gibt es Stoff für unsere „autonomen Gerichtsinstanzen" und Stoff für oft leidenschaftlich geführte Diskussionen (an den Tagen, die nicht von Arbeitsaushebungen verfinstert werden) über die „Sensationsprozesse", die sich vor unseren „autonomen" Richtern abspielen.
Die genannten drei Gruppen der Oberschicht dürften schätzungsweise an die 50 Familien umfassen, stellen also jedenfalls eine Minorität dar. Im Untergeschoß kommt dann die große Masse, die Parias, die einzigen, die zu Recht vom „Gules Dschurin" sprechen können. Allerdings gibt es selbst hier noch, in dieser Unglücksschar, Abstufungen. So figuriert an tiefster Stelle die Gruppe der „Schil-Menschen", die Ärmsten der Ärmsten, die in entsetzlichem Elend in der „Schil", einer alten, baufälligen Synagoge, in unbeschreiblicher Not dahinsiechen. Sie sind ein Gegenstück dessen, was wir im „Restaurant" in Mogilew zu sehen bekamen.
Trotz der Unterschiede in den Reihen der Paria-Masse, gibt es ein gemeinsames, einigendes Band: den ewigen Schreck vor dem Verschlepptwerden zum Untergang in der sogenannten „Arbeit", die Panik der schwarzen Tage und Schreckensnächte, besonders der Nächte, in denen die jüdische „Miliz", in Kooperation mit den rumänischen Gendarmen, hinter den Opfern her ist, die in alle Winkel auseinanderstieben, auf Dachböden unter Strohdecken, in Kellerlöchern, in Gebüschen und Gräben hinter der Ortschaft sich der zugreifenden Hand der Häscher zu entwinden versuchen. Der Widerstand gelingt den wenigsten — bis jetzt zähle auch ich selbst zu diesen, sonst wäre ja meine Chronik schon längst zu Ende —, da die „Miliz" (gemilderte Bezeichnung für die frühere „Polizei") Väter und Müt-

ter, bisweilen auch Gattinnen, als Geiseln festnimmt, bis sich der „Arbeitverweigerer" dann stellt, der zur Bestrafung, wenn inzwischen die vorgesehene Zahl der Opfer aufgebracht wurde, entweder in den berüchtigten „Keller" gesteckt wird, oder, wenn einer sich in seinem Vokabular gar zu unbotmäßig gebärdet, an die Gendarmen überstellt wird, die ihres strafenden Amtes mit Eifer und Sadismus walten.
Im Juni dieses Jahres (1943) gab es drei solcher Paniktage: am 1. Juni ging es nach Trichatin (irgendwo bei Nikolajew oder Otschakow), eine Woche später wurden andere hundert Männer nach Tultschin abgeschoben, eine Woche danach eine andere Hundertschaft wiederum nach Trichatin.
Von den nach Tultschin Verschleppten gelingt es hie und da einem, lebendig davonzukommen, sich davonzustehlen und wieder in Dschurin aufzutauchen. Schauerliche Dinge erzählen diese Ausreißer von der „Arbeitsstätte".
Und so gibt es keine Familie in den „beherrschten Klassen", die nicht schon ein Opfer hergegeben hat an den nie gesättigten Moloch der „Arbeit", und der Schreck der Tage und Nächte, an denen Jagd auf die zu rekrutierenden „Arbeiter" abgehalten wird, lastet auf den Seelen auch an den Tagen, an denen nicht gejagt wird.
Im Lager verstummt nicht das Gerede, wonach so manche junge Frau und so manches Mädchen, die den Gatten oder den Bruder vor der „Arbeit" gerettet haben, mit sich das Geheimnis des Preises herumträgt, das sie den Allmächtigen mit ihrem Körper gezahlt hat; es hat sich erwiesen, so behaupten unsere Mundjournalisten, daß nicht nur alte Sachen und nicht nur Geld oder Gold, sondern auch Frauenschönheit eine Waffe ist, die im Lager Dschurin den Kampf ums Überleben mitentscheiden kann . . .

Freitag, 30. Juli 1943

Badestrand in Dschurin. Sollte man nicht glauben. Und doch. Ich lüge nicht. Trotz der Mütter, Väter, Kinder und Frauen, in deren Augen die Tränen noch nicht getrocknet sind seit jenen Tagen des Schreckens und der Trauer, als ihre Kinder, Väter und Gatten ihnen geraubt und verschleppt wurden, die einen nach Tultschin, die anderen nach Trichatin, trotz der prächtigsten und wertvollsten Jünglinge, die uns von Zeit zu Zeit schauerliche Kunde, oft mit aushauchender Seele, vom Ort ihrer Pein und Fron zukommen lassen — die von Tultschin darüber, daß sie, bis zu den Knien im Wasser stehend, arbeiten müssen, mit wenig Brot und viel Geprügel gefüttert und wie Hunde niedergeknallt werden, wenn einer das Pech hat, beim Versuch davonzulaufen, entdeckt zu werden, — die von Trichatin, die nicht besser daran sind, die zwar halbwegs was zum Essen bekommen, aber in der Gewißheit leben müssen, nach vollbrachter Arbeit von den Deutschen, die dort die Herren sind, abgeknallt zu werden —, trotz alldem kommen in diesen heißen Julitagen Dschuriner Juden im Bache, der am Rande Dschurins dunkeltrübe dahinrinnt, baden und sich sonnen, wie dereinst zu Hause.

Wenn man diesen Juden am Badestrand zusieht, muß man an das jiddische Sprichwort denken: Wenn man sich an die ,,Zures" (Kümmernisse) gewöhnt hat, lebt man in Freuden ...

Und solcher Kontraste gibt es hier noch so manche andere, außer den früher skizzierten sozialen Unterschieden. So gibt es hier von Juden betriebene Konditoreien, die den Patronen, wie es hier gesagt wird, ,,Parnusse berewach" einbringen, d. h. die ganz gut frequentiert werden. Auch Theater, Theatervorstellungen, von Juden für Juden, gibt es seit einiger Zeit hier, in diesem Jammertal, Theater mit Tragödien und sich daran anschließenden Komödien, ganz nach altgriechischem Muster, Theaterstücke, gewürzt mit gewiß interessanten, hier von anonymen Komponisten und Poeten verfaßten Liedern (eine Sammlung dieser Stücke echter Volksmusik wäre gewiß ein Fressen für Folkloristen). Die Theateraufführungen fanden sogar auch intelligente Rezensenten, die ihre Rezensionen in einer ,,Zeitung" veröffentlichten, die es auch gab, wenn auch nur handgeschrieben (sie nannte sich ,,Curierul", veröffentlichte auch sonstige Prosastücke und Gedichte, in allen hier gesprochenen jüdischen Sprachen — d. h. deutsch und rumänisch, bedauerlich, daß nicht auch in jiddisch).

Diese Zeitung hat leider nach fünf Nummern ihre Seele ausgehaucht, zugleich mit der ihres Begründers und Chefredakteurs, eines hochintelligenten Jungen, der den Arbeitshäschern ins Netz ging und auf einem Fluchtversuch erschossen wurde.
Als ich mit meinem alten Diskussionspartner Rennert über das Phänomen Badestrand in Dschurin, über dieses Beisammen von tragischstem Leid und Vergnügungs- und Unterhaltungssucht sprach, da hielt er mir ungefähr folgenden Logos:
„Ich kenne ja Ihre skurrile Anschauung, wonach jede Vergnügung, jeder Lustgewinn ein Verstoß gegen den Willen des Weltregisseurs ist, der für jedes Gramm des Genusses Tonnen von Leid und Unglück heimzahlt, eine Anschauung, die, wie Sie meinen, schon Rabbi Akiwa in die ‚Sprüche der Väter' hineingeschmuggelt hat und ihren apostatischen Charakter hinter ein paar traditionsreligiösen Ausdrücken versteckt hat."
Ich: „Verzeihen Sie, daß ich Sie unterbreche. Sie vermuten also, daß ich den Rabbi Akiwa mißdeute? Wie würden Sie denn den Ausspruch des Rabbi Akiwa auslegen, wonach ‚ein Fangnetz (eine Falle) über das ganze Leben ausgebreitet ist', wonach also das *ganze* Leben des Menschen nichts sei als eine einzige Falle, eine Mausefalle, wo es Köder gibt, in die der Mensch beißen kann, um so das Unglück auf sich zu ziehen. Finden Sie nicht schon diesen höchst kühnen Satz, vom Leben — eine Falle, im Munde eines Religionslehrers als etwas Verblüffendes, ebenso wie das Gleichnis, mit dem Rabbi Akiwa seinen Gedanken anschaulich darstellt und näher erläutert: ‚Der Laden steht offen da, der Ladenbesitzer gibt auf Borg, das Kundenbuch ist aufgeschlagen, die Hand schreibt (trägt ein) und wer da borgen will, möge kommen und borgen, doch die Inkassanten machen jeden Tag ihre Runde und treiben vom Menschen die Bezahlung (die Heimzahlung) ein, ob er es will oder nicht.' Ist dieser ganze Ausspruch anders zu deuten, als daß, laut Akiwa, der Mensch für jedes Vergnügen ebenso bezahlen muß wie etwa der Fisch, der auf den appetitlichen Köder angebissen hat?"
Rennert: „Ob Sie Rabbi Akiwas Ausspruch richtig übersetzt haben und richtig gedeutet haben, das muß ich dahingestellt bleiben lassen,

darüber müßte sich ein Fachmann, ein Talmudkenner äußern, und das bin ich ja nicht. Ich finde es übrigens völlig müßig, darüber zu rechten. Denn wenn Sie Ihren Rabbi Akiwa aus dem Spiel lassen und nur Ihren eigenen gesunden Menschenverstand befragen, so werden Sie doch zugeben müssen, daß es durchaus nicht entschieden ist, ob ein drohendes Verhängnis durch Askese, durch jeden Lustverzicht abgewendet werden könnte und ob das Unglück nicht hereingebrochen wäre, auch wenn wir alle die reinsten Engel gewesen wären. Sie können doch im Ernst wohl nicht meinen, die Juden in Nemirow seien so große Sünder gewesen und das von den Deutschen an ihnen verübte Gemetzel sei nur die Sühne für ihre Sünden, ihre Vergnügungen gewesen.

Vielleicht gibt es gewisse noch unerforschte, oder gar unerforschbare Zusammenhänge, wenn ich so sagen darf, metaphysische Zusammenhänge der Dinge, wie das von Ihnen oft im Mund geführte ‚Gesetz der Serie‘, Zusammenhänge, über die sogar die Weisen, ihren Rabbi Akiwa miteingeschlossen, wenig Bescheid wissen, und umso weniger unsere armen Mitbrüder hier, die eben keine Weltweisen sind und ganz primitiv denken: Wenn mich in nächster Zukunft das Unglück erwartet, so will ich wenigstens die paar Tage, oder auch nur Stunden, die mir noch gegönnt sind, dazu ausnützen, um dem Leben noch einige angenehme Augenblicke abzuringen. Vielleicht werde ich (wie Sie, Herr R. sagen) dafür dann sühnen müssen, jedoch vielleicht erfolgt die sogenannte Sühne auch, wenn eine vorhergehende Schuld gar nicht vorhanden ist. Ich‘‘ — fährt mein in Schwung geratener Gesprächspartner fort — ,,versage es daher keinem Juden, wenn er auch hier, im Todeslager Dschurin — sozusagen als Trotzreaktion — der Vergnügung und der Zerstreuung nachjagt, ob nun am Dschuriner (Mikro-)Strand, ob im Theater oder auch in der Konditorei, wo er sein allstündlich auf Abruf stehendes Leben für einen Augenblick noch zu versüßen sucht. Ich verarge es ihm nicht, wenn er es sich versagt, sichtlich und ständig mit den anderen Leidtragenden mitzutrauern, wenn er die Atempause, die ihm das Unglück, die letztendliche Vernichtungserwartung einräumt, ausgiebig zu nutzen sucht.

Ja" — fährt Rennert mit einem Anflug von verschmitztem Lächeln fort — „wenn es auf mich ankäme, so würde ich eine solche Politik verfolgen, die uns alle hier, die wir noch am Leben sind, zu Vergnügten und Froh-Fröhlichen macht, denn auf diese Weise könnten wir das von uns immer wieder besprochene Problem lösen, könnten wir den trägen und zögernden Gang der ‚Jeschieh' forcieren, sie mit Gewalt herbeizwingen.

Zu diesem Zwecke würde ich an das Bukarester Hilfskomitee ein Memorandum richten, mit einer Namensliste aller in Dschurin noch lebenden Juden, und dafür plädieren, daß das Bukarester Hilfskomitee es so anstellen möge, daß ein jeder von uns regelmäßig ein- bis zweimal im Monat seine 500 Mark bekomme, auf daß ein jeder sich hier in Dschurin wie im Schlaraffenland fühlen möge und sich sagen müßte: So gut und so sorglos habe ich noch nie gelebt. Es würde dann ein jeder von uns hier nur noch mit Schrecken an eine eventuelle ‚Jeschieh' denken. Erst dann, wenn sie kein Jude hier mehr herbeiwünschen wird — dann kommt sie gewiß (‚auf tzeluches' — wie sich die Jiddischisten ausdrücken). Wenn ich doch noch Bedenken betreffend der Wirksamkeit meines Projektes hege, so sind es mächtige Gegenerwägungen, naturgesetzlichen und logischen Charakters, die mir mein Unternehmen als erfolglos erscheinen lassen: Gegen die Naturgesetze und gegen die Logik ist ja bekanntlich jeder Kampf vergeblich. Nun ist es doch gewiß ein Naturgesetz, daß unser mit göttlichen Attributen versehene Komitee, mit dem Radautzer Moische Katz an der Spitze, ebenso wie Gott selbst, ewig ist.

Die ‚Jeschieh' andererseits könnte, Gott behüte, das Ende des Dschuriner Komitees bedeuten. Da dies aber logischerweise absurd ist und ein Zustand, wo die Ewigkeit unseres Komitees aufgehoben erschiene, völlig undenkbar ist, so ist auch die ‚Jeschieh' eine logisch schlechthin undenkbare Sache und die Bemühung darum wäre nichts als eine Dschuriner Wiederholung des mittelalterlichen Suchens nach dem Stein des Weisen.

Apropos Komitee, so wäre es ja übrigens auch für dieses eine Kleinigkeit, die ‚Jeschieh' herbeizubefehlen, dies kraft seiner uneingeschränkten Allmacht, ein Attribut, das es, ebenso wie die Ewigkeit,

mit der Gottheit teilt wie übrigens alle anderen Souveräne von Gottes Gnaden.
Das Komitee könnte, zum Beispiel, eine Verköstigung für alles, was hier (noch) lebt, ,,von staatswegen" einführen, das heißt, jeden Dschuriner Juden dazu zwingen, sich dreimal des Tages üppig beköstigen zu lassen, unter Androhung der Kellerstrafe für die aus altmodischer Scham oder sonstigen dummen Rücksichten Widerspenstigen. Das Komitee könnte auch, zusätzlich zu dieser obligaten staatlichen Beköstigung, jedem Juden hier ein beträchtliches, alltägliches Trinkgeld in die Tasche drücken für etwaige Ausgaben in der Konditorei und für eine Theatereintrittskarte. Auch dadurch würde obgenannter Seligkeitszustand erzeugt werden, obgenanntes Schlaraffenglück, mit dem sich daran anschließenden Schreck vor einer Jeschiehkatastrophe, wodurch dann endlich die säumige ‚Jeschieh' eintreffen würde.
Aber leider ist ja unser Komitee göttlich, das heißt, wenn es auch alle Vorzüglichkeiten Gottes teilt, so ist es auch mit allen Beschränktheiten Gottes behaftet."
Ich: ,,Gottes Beschränktheiten? Herr Rennert, das ist doch Blasphemie!"
Rennert: ,,Was? Es gibt keine Beschränktheiten Gottes? Da irren Sie sich. Es dürfte ja sogar in den theologischen Traktaten zu lesen sein, und leuchtet übrigens auch einem Laien ein, daß das Attribut der Ewigkeit mit dem der Allmacht in Widerspruch steht, das heißt, daß infolge der Ewigkeit Gottes, die zweifelsohne uneingeschränkt und hundertprozentig ist, seine Allmacht eine mächtige Einbuße erleidet. Wie allmächtig Gott auch ist, so gibt es doch Belange, in welchen ein einfacher menschlicher Erdenwurm mächtiger ist.
So kann sich ein jedes Menschlein, wie ärmlich und schwächlich es auch sein mag, sogar wenn es ein Jude ist, und zwar je schwächlicher, um so eher, den Spaß erlauben, seine eigene Existenz aufzuheben, da es ja an keine Ewigkeitsverpflichtungen gebunden ist und auf keine Ewigkeitsvorschriften Rücksicht zu nehmen braucht, was ihm dann, wenn ihm seine ‚Existenz' gar nicht mehr Spaß macht, zustatten kommt. Seine Existenz war zwar a limine, ihrem Wesen nach, un-

ewig, seine Nicht-Existenz aber — darin, in diesem Punkt, erwirbt er die göttliche Kardinaleigenschaft —, sein Nicht-mehr-Existieren, sein Nicht-mehr-Dasein ist zweifelsfrei etwas Ewiges. Hat er sein Leben von sich weggeworfen, so ist es, als wäre er nie am Leben gewesen.

Gewiß, auch wenn er eines sogenannten ,,natürlichen" Todes stirbt, ist sein Leben doch im Grunde nichts anderes gewesen als ein Hauch, eine Seifenblase, ein vorüberhuschender Schatten, ein verschwindendes Wölkchen, ein davonwehendes Stäubchen, ein sofort vergessener Traum — wie es so eindringlich der Autor des Rosch-Haschuneh-Gebetes ‚Unsane Toikef' schildert. Immerhin — und hier zeigt sich, daß gar so ohnmächtig der Mensch wiederum nicht ist —, er muß das ‚natürliche' Ende nicht abwarten und kann, wenn dies Leben ihm zu bunt wird, auch schon vorher Schluß machen.

Nicht so der liebe Herrgott, der, wenn er sich nur seine liebe Welt, seinen Erdenplanet, mit dem, was darauf vorgeht, anschauen sollte, ja schon längst hätte Selbstmord begehen müssen. Aber noblesse oblige. Alles kann er, der liebe Herrgott, aber seine Allmacht hat doch ihre Grenze; sich selbst aufheben, das kann er nicht, da wirkt das mächtige, eherne Polizeiverbot der Ewigkeit, das der Allmacht Gottes einen solchen Schabernack spielt und höchstwahrscheinlich der Grund dafür ist, daß der liebe Herrgott seit so vielen, vielen Jahren unserer Welt nicht mehr zuschaut, sein Antlitz davon abgewendet hat, um nicht in die triste Lage zu geraten, die Begrenztheit seiner Allmacht so schmerzlich spüren zu müssen. Das ist gewiß der Grund, warum die Welt ganz dem Regiment des Teufels und seiner Diener — z. B. heutzutage eines Hitler, eines Stalin, u. ä. — überlassen ist, dem Regiment des Teufels, der es mit seinen teuflischen Mitteln der Grausamkeit, der Verworfenheit und der Mordekstase führt.

Dasselbe, was in puncto göttlicher Allmacht gilt, ist nun auch der Fall unseres Dschuriner Komitees. Alles kann es, und hat das, wie ein jeder der hier Zusammengetriebenen mit Schwur und Eid bezeugen kann, auch bewiesen; aber — eine Grenze gibt es auch für dieses Komitee — sich selbst aufheben, das kann es ebensowenig wie der Born, aus dem seine (All-)macht quillt — der liebe Herrgott. Wenn es also

die ‚Jeschieh' herbeibefehlen sollte, so würde dies ja bedeuten, das Aufheben seiner eigenen Existenz. Was ja absurd ist. Ergo ..."
Diese sarkastischen Witzeleien meines Freundes Rennert haben einen handfesten „historischen" Hintergrund:
Vor ein paar Wochen nämlich gab es plötzlich im Ghetto Dschurin einen Sturm der Gemüter, einen Sensationstaumel, der die Judengemeinde hier erfaßte. Es hieß — welche Sensation! — das Komitee „gehe". Nicht zu fassen! Sollte so etwas möglich sein? — Und tatsächlich erschien eines Tages in Dschurin ein Mann, von dem wir erfuhren, daß er Rachmut heiße, der sich als „Oberinspektor" ausgab und behauptete, er sei vom „Major" (dies wahrscheinlich eine Hauptfigur der Transnistrienverwaltung) eingesetzt, um alle Komitees des Mogilewer Distriktes zu überprüfen.
Und tatsächlich: der „Oberinspektor" inspizierte, revidierte und konferierte und gab dann bekannt, das Komitee müsse „gehen", er werde demnächst die Namen der neuen Männer bekanntgeben. —
Nun lösten sich die Zungen, lange unterdrücktes Zähneknirschen, alles Geballte machte sich Luft, die Masse glaubte, aufatmen zu können von einem Terror und einer Knechtung, die von Juden, von Mitvertriebenen ausgeübt, doppelt empörend empfunden wurde. Man zählte alle Sünden dieser jüdischen Henkersdiener auf, kurz, es waren Momente wahren politischen Erlebens und viele wollten in diesem angekündigten Revirement „die Schritte des Messias" sehen, die Ankündigung der großen, imminenten „Jeschieh".
„Wenn dieses Komitee, das in der Ewigkeit verankert zu sein schien, ‚gehen' konnte, so muß auch schon die ‚Jeschieh' bald Wirklichkeit werden", — dies sagten sogar die halsstarren Pessimisten unter uns, die nun erklärten, von jetzt an, nachdem so etwas geschehen konnte, werden sie keine Pessimisten mehr sein.
Kurz jedoch war die Freude. Der Herr Oberinspektor begann irgendwie hinter den Kulissen mit den „gestürzten" Männern zu parlamentieren, zu konferieren, negociieren, intrigieren, dann fuhr er mit der Liste der neuen Männer davon — so hieß es allgemein —, und dann ... blieb alles beim alten. Wie gern möchte ich einem eventuellen künftigen Historiker eine verläßliche Quelle liefern, kann aber, zu

meinem tiefen Bedauern, nicht angeben, wie es dazu kam, daß es zu nichts kam, wie sich der Sturm als Sturm in einem Wasserglas erwies. Wurde dem Herrn Oberinspektor in letzter Minute der Beweis in runden, goldenen Zahlen erbracht, daß alles in Ordnung sei, oder war gar dieser Herr Rachmut bloß eine Scharlatansfigur, oder hat sich irgendeine dritte Person ins Mittel gelegt — wer weiß es?
Eines steht nun fest: das Komitee erbrachte noch einmal den Beweis seiner unerschütterlichen Ewigkeit. Ja, sogar mehr noch: Jetzt, wo ich das notiere, erhalte ich folgende Mitteilung: Das Komitee komme von einem Treffen mit dem Major zurück und berichte, der Major habe die Vollmachten des Komitees bedeutend erweitert. Er habe ausdrücklich das Schlagen als zulässige und richtige Methode des Herrschens von Juden über Juden anerkannt und habe überdies empfohlen, daß der ,,Keller" (unsere ,,autonome Haftanstalt"), erweitert werde, so daß er mindestens für 100 Personen soll reichen können . . .
Wie schade, daß sich das kluge Wort eines Franzosen auch hier bewahrheitet hat: Plus ça change et plus ça reste la même chose . . .

Freitag, 27. August 1943

Ich komme auf die Gasse. Plötzlich — ein Aufruhr, ein Laufen, Stürzen, Flüchten. Miliz postiert an den Gasseneingängen. Man wird abgefangen und eingereiht. Wohin geht es jetzt? Man weiß es nicht. Was tue ich? frage ich mich. Wie durch ein Wunder entschlüpfe ich und gelange, ich weiß selbst nicht wie, in die Behausung der Leute, mit denen ich hieher gekommen bin. Und da erscheint ein Gendarm und fordert alle Insassen des ,,Hauses" auf, mit ihm mitzugehen. ,,Ihr werdet ein bißchen arbeiten gehen. Nichts dürfet ihr mit euch mitnehmen. Ihr Juden habt schon genug bei uns Christen alles Gold und Silber weggenommen. Jetzt wird sich's zeigen, was ihr ohne Geld und ohne sonstiges Vermögen anstellen könnt." — Alles Flehen,

Sich-Losbitten ist vergebens. Bald sind wir alle draußen. Und da stehen schon andere der Unsrigen, in voller Verzweiflung. Was tun? Was tun? Wie entkomme ich nur? Da fällt mir etwas Rettendes ein: ich werde — erwachen.
Diesmal war es bloß ein Traum (ein Schreckenstraum). Aber wenn auch die äußeren Fakten des Traumes — Gott sei Dank — nicht wirklich sind, so spiegelt der Traum ganz genau die seelische Wirklichkeit, die ständige Angst wider, in der ich — gewiß auch die anderen — hier lebe, angesichts des über uns unaufhörlich fuchtelnden Damoklesschwertes: Arbeit, zynische Bezeichnung für die langsame, aber sichere Vernichtung.

Sonntag, 29. August 1943

Und trotz allem — wie schon gesagt — Badestrand in Dschurin! Gewiß, es sind in der Mehrheit Frauen und Mädchen, die die badende Bevölkerung ausmachen. Die Männer sind schon zum größten Teil ,,verheizt", von Dschurin verschleppt. Trotzdem sieht man auch schon einige männliche Wesen dem Badevergnügen frönen, wenn dieses Vergnügen gar besonders groß nicht sein kann, da der Bach ein seichtes und nicht allzu reines Wasser führt.
Was das Auftauchen auch von Männern am ,,Strand" zum Teil miterklärt, ist der Umstand, daß sich letztens über Dschurin — Arbeit hin, Arbeit her — eine Flut guter Nachrichten ergossen hat. Rennert witzelt (hat er sich von der allgemeinen gehobenen Stimmung anstecken lassen?): ,,Sie sehen, Herr R., wenn Dschurin badet, dann aber .. auf allen Ebenen, nicht nur im (trüben) Dschuriner Bach, sondern auch in einem wahren Strom, in einem Strom von guten Nachrichten."
Was mich betrifft, so würde ich fast zu glauben beginnen, es gebe auf seelischer Ebene keinen beneidenswerteren Zustand als den Seelenzustand derjenigen, die, wie die meisten hier, eine ,,Jeschieh" erwar-

ten. Die, die eine solche ,,Jeschieh" schon mal erlebt haben oder noch im Besitze einer solchen sind, die weisen bestimmt keinen solchen seelischen Reichtum auf. Ich denke da an Bergson, der die freudige Intensität der Hoffnungen eines Jünglings damit erklärt, daß des Jünglings Herz durch die Perspektive aller seiner zukünftigen Leistungsmöglichkeiten, Leistungs- und Glückserwartungen erfreut wird, obwohl diese Zukunftsaussichten, in ihrer Fülle, einander notwendigerweise ausschließen, obwohl die Erfüllung der einen das Wegfallen der anderen nach sich ziehen muß.

Auch wir ,,Jeschieherwarter" sind solche Jünglinge, die in Wonne schwelgen beim Gedanken an all das Gute verschiedenster Natur, das da uns erwartet, auf uns zukommt. Die Russen gehen vor — also Freude; man nimmt uns zurück zu den Rumänen — wieder Freude; man gestattet uns, uns für den Winter Lebensmittel schon jetzt einzukaufen, also wieder Freude — wer ist schon so vernünftig — blöde, sich darüber aufzuhalten, daß alle diese Wohltaten, Hoffnungen und Erwartungen sich im Grunde widersprechen. Sind wir doch wie die Bienen und nehmen aus jeder Blume das Süße, das sie hat. Es wird uns eine ganze Auswahl von guten Zukunftsdingen geboten, und wir ergötzen unser Gemüt an allen, ob sie nun zusammenpassen oder auch nicht. Die Ipaisten haben schließlich eine Auswahl getroffen und exklusiv für das Zurückgenommenwerden optiert. Sie, die Sekte der Optimisten, verhöhnen nun triumphierend die Pessimisten, die Kleingläubigen. Ein solcher Pessimist, der es gewagt hat, eine ungläubige Geste zu skizzieren, ja, sogar verstockt genug war, zu erklären, er werde an das ,,Zurücknehmen" erst dann glauben, wenn er die Erlaubnis, nach Hause zurückzukehren, mit seinen eigenen Ohren gehört haben wird, wurde beinahe gelyncht und dem öffentlichen Hohn und Gelächter preisgegeben.

Die Vernünftigen aber, die beteuern, von Politik verstünden *sie* was, begannen das Thema zu erörtern: Warum eigentlich nimmt man uns ausgerechnet jetzt, im Sommer 1943, wieder nach Hause? Ihre Erklärung: Die Sache ist klar wie Schuhwichse. Es ist die Situation an der Front und der durch sie hervorgerufene Gesinnungswandel der Regierenden in Bukarest.

An der Tatsache der Heimkehr zu zweifeln, wurde bloß den verstockten und finsteren Pessimisten überlassen.

Montag, 30. August 1943

Ein wahrer Taumel; eine Trunkenheit, eine Efferveszenz, wie sie bis heute hier noch nicht vorhanden war. Was ist los? Hat etwa ein Volksfest begonnen, ein Volksbankett? Einen Schmaus gab es wohl, einen Ohrenschmaus. Eine phantastische Häufung von Heilsbotschaften.
Erstens: Ein Soldat aus Gura-Humora (Städtchen in der Südbukowina) hat erzählt, es werden zwei Gassen dort von den derzeitigen Einwohnern freigemacht — kann das was anderes sein, als zum Zweck, die zurückkehrenden Juden aufzunehmen?
Zweitens: In der Zeitung war zu lesen, daß ein gewisser J. Rădulescu mit W. Fildermann, dem berühmten jüdischen Aktivisten Fildermann, heftig polemisiert hat, da dieser eine ,,restitutio in integrum'' verlangt habe. Nun, von wessen ,,restitutio'', das heißt Heimnahme, kann da die Rede sein, wenn nicht von der der Juden in Transnistrien? Und wenn ein Fildermann dies schon verlangt hat, ist es denkbar, daß man ihn refüsieren könnte?
Drittens: Ein Mann hat erzählt, ihm habe es der Starosta erzählt, ihm (dem Starosta) habe es der Prätor aus Schargorod erzählt, die Juden fahren nach Hause und zu diesem Behufe sollen alle Juden, die in den Kolchosen um Schargorod herum arbeiten, von dort entlassen werden.
Und schließlich viertens und dies der Höhepunkt: Die Gendarmerie hat eine statistische Angabe der Zahl ,,aller Juden'' Dschurins verlangt, dabei sollen separat die Bukowiner und separat die Bessaraber Juden angegeben werden.
Manche wußten noch andere Zeichen, Wahrzeichen anzuführen und sammelten die Neugierigen und Ipa-Durstigen in ganzen Scharen um

sich. Die Gasse verwandelte sich, ähnlich einem Felde mit Garben, in eine Reihe solcher lebhaft diskutierender und andächtig lauschender Menschenrudel. Es war ein Kochen, ein wahres Sieden.

Da man es aber nie allen recht machen kann, gab es da den Herrn Klipper, der mich verzweifelt ansprach: ,,Stellen Sie sich nur mein Pech vor; gerade jetzt fällt es meiner Schwester ein, krank zu sein. Was mache ich, ich Unglücksmensch!" Ich wage ihn zu trösten: erstens, versichere ich ihm, wird die Nachricht von der Heimkehr sie ganz gewiß wieder gesund machen; zweitens: das Nachhausefahren wird höchstwahrscheinlich erst in einer Woche beginnen, und nicht doch schon morgen; außerdem wird es gewiß einige sukzessive Transporte geben, und er, der Arme, muß ja nicht unbedingt schon beim ersten Transport dabei sein, er werde zur Not ja auch den letzten Transport nehmen können, und bis dahin ist seine Schwester sicherlich wieder ganz hergestellt.

Doch er, der Verzweifelte, wollte sich nicht trösten lassen. Er kenne die rumänische Verwaltung nur allzu gut. Der Befehl zur Rückreise könne noch diese Nacht eintreffen und dann gebe es kein Zögern und keine sukzessiven Transporte, wie es ja auch in Wischnitz keine sukzessiven Transporte gegeben hat, als alle 3000 Juden auf einmal aus Wischnitz wegziehen mußten. — Erst mein Einwand, daß es damals, beim Befehl der rumänischen Behörde, zum Bösen galt, jetzt aber zum Guten, tröstete den Verzagten; jetzt erst konnte er seine durch nichts mehr getrübte Freude der der Allgemeinheit zugesellen.

Dienstag, 31. August 1943

Gestern war ein heißer Tag mit erhitzten Gemütern. Heute ist es ziemlich trübe geworden. Das Baden ist eingestellt — auf allen Linien. Eine Ernüchterung ist eingetreten. Man schämt sich fast, einander in die Augen zu schauen. Wie man uns so herzlos alle Freude geraubt hat. Da kommt dieses ver.. Komitee aus Mogilew und erzählt grausig-nüchtern, strohtrocken, daß man dort, an der Zentrale, vom Nachhausefahren absolut gar nichts weiß! Daß der Prätor Schargorods die Juden aus den Kolchosen entlassen hat — das sei ihm, dem Komitee bekannt, doch dies sei deshalb geschehen, weil sie stehlen! O weh! Diese Herren haben uns unser so schönes Hoffnungsgewebe zerrissen. — Die Statistik, die die Gendarmerie verlangt hat, habe nur rein statistische Zwecke und sei eine Routinearbeit der Gendarmerie, also nichts Neues und nichts von Bedeutung.

Und so wurden uns die Quellen verstopft, aus denen wir uns gelabt hatten.

Und trotzdem — wenn der Artikel gegen Fildermann auch so gedeutet werden kann, daß Fildermann zwar unsere Heimnahme gefordert habe, seine Forderung aber schnöde zurückgewiesen wurde, so bleibt uns dennoch — unsere Moralstützen lassen daran nicht rütteln — *eine* Quelle unverschüttet: die zwei Gassen in Gura-Humora. *Die* konnte auch das Komitee nicht aus der Welt schaffen.

Und so ist festzustellen: Wenn auch die allgemeine Stimmung gedämpft ist, so bleiben doch viele von uns unerschüttert in ihrem Glauben und Hoffen. Für sie gilt die Lösung: E pur si muove.

Donnerstag, 2. September 1943

Tischebow (9. Av. — Trauertag, an dem der Tempel zerstört wurde) ist im jüdischen Kalender schon längst vorbei. Für uns hier hat er sich erst heute eingestellt.

Schwere Trauer zog herauf und hinein in alle Gemüter. Tagelang hatte der Kampf unentschieden zwischen Licht und Finsternis, zwischen Heil und Unheil getobt. Aus unbekannten Höhen und Fernen waren Botschaften auf uns förmlich herabgeregnet, die alle das „Repatriieren" verkündeten. Dabei gab es eine Anzahl von Varianten: die einen sprachen von einer Heimnahme nach Bessarabien, die anderen — von der Rückkehr in die gewesenen Heimatorte. Leute, die es genau

wissen wollten, beteuerten, daß in manchen Familien schon gepackt wurde, daß schon Säcke genäht und Kisten zusammengezimmert wurden, und zwar in den Familien aus der nächsten Nähe des Komitees, die es ja wissen mußten.
Freilich gab es auch Skeptiker, die Zweifel äußerten, und ausgesprochene Pessimisten, die ein Verlassen unserer ,,Adoptivheimat" zwar für durchaus möglich hielten, dies aber nicht zum Zweck der Rückkehr, sondern als eine Evakuierung in Zusammenhang mit der sich nähernden Front, also als etwas, worüber sich nur Narren freuen könnten.
Doch die Nicht-Licht-sehen-Wollenden waren im allgemeinen Rausch jener Tage ignoriert, verächtlich beiseite geschoben worden, so daß die hartgesottensten Pessimisten an sich irre zu werden begannen.
,,Vielleicht doch" — äußerten sie. ,,Unsere simplistische Formel: Sieh, und sage das Schlimmste voraus, dann kommst du dem tatsächlich Eintreffenden am nächsten, denn das tatsächlich sich Ereignende ist dann kaum mehr als zwei, drei Grad schlimmer als das Schlimmste, das du vorausgesagt hast —, vielleicht ist dies doch nicht die richtige Formel, um in die Zukunft zu blicken.
Nun kam der heutige Tag und brachte die Entscheidung zwischen dem Ja und Nein. Obwohl es ein verregneter Tag ist, stehen auch heute die üblichen Menschentrauben, ,,Rädels" (so die hier übliche Bezeichnung), auf der Gasse herum, doch sind es nicht mehr die ,,Rädels" von vor etwa vier Tagen. Der Glanz ist in den Augen erloschen und auf den Gesichtern liegt Bekümmertheit, die auch die Gestalten einknickt. Man weiß es genau: Die Gendarmerie habe Befehl erhalten, Listen anzulegen, nach Alter und Geschlecht geschieden: von ein bis acht Jahren, von acht bis fünfzehn, von fünfzehn bis fünfunddreißig usw., Frauen und Männer gesondert und dabei *alle* Juden Dschurins, ohne Unterschied, umfassend.
Welch krasser Unterschied selbst noch von gestern bis heute! Hieß es ja noch gestern, daß man Listen anlege, mit den Dschuriner Juden, den Einheimischen separat und den ,,Evakuierten", wie wir offiziell, beschönigend, genannt werden, oder den ,,Beschenitztes" (Flücht-

lingen), wie uns die Einheimischen nennen, separat. Dies ließ ja irgendwie eine Repatriierungsdeutung zu. Heute aber, nachdem die neue Struktur der Gendarmerielisten bekannt wurde, wurden die schwärzesten Deutungen herumgereicht. Die Pessimisten haben wieder die Vorderfront besetzt. Ihr Kommentar: die deutsche Methode — Kinder werden von ihren Eltern getrennt, Männer von ihren Frauen. Und eine Bestärkung ist auch schon gleich zur Stelle: Da erzählt ein Mann in einem der ,,Rädels", er komme von einem Lager am Bug — der Name ist mir leider entfallen —, dort seien vor ein paar Tagen die Deutschen erschienen, haben ihm seine drei Töchter weggeschleppt, und als er mit seiner Frau mitgehen wollte, sei er brutal weggestoßen worden. Solche Fälle hätten sich dort einige Mal zugetragen, wo Kinder ihren Müttern und Männer ihren Frauen entrissen wurden.

Was dann drüben, auf der anderen Seite des Bugs, wo die Rumänen nichts mehr zu sagen haben, geschieht, ist hier jedem Juden schauerlich bekannt: zuerst wird den Verschleppten die letzte Arbeitskraft herausgepreßt, dann — die Kugel, wenn er Glück hat, sonst aber das Verscharrtwerden bei lebendigem Leib im vom Opfer selbst geschaufelten Grab. Ein Schauer läuft uns Zuhörern kalt den Rücken hinunter, und ein tiefer Seufzer entreißt sich manchem aus der Brust. Währenddessen wird der Regen immer stärker und ein jeder schleppt sich grambeladen in seine Hundenische. — Tischebow in Dschurin.

Samstag, 4. September 1943

Im allgemeinen hielt die trübe Stimmung den ganzen gestrigen Tag an. Das Wort ,,Evakuierung" beherrschte bedrückend die Gemüter, wenn auch die Annahme einer ,,Repatriierung" noch nicht ganz und durchaus nicht von allen aufgegeben war. Am Nachmittag ließ das Komitee eine Versammlung einberufen und teilte offiziell mit — als Sprecher trat kein Geringerer als der Herr M. Katz auf —, daß von keiner Evakuierung, leider aber auch von keiner Repatriierung die Rede sei, das sei völlig aus der Luft gegriffen. (Wie doch dieses Komitee seine tüchtigen Zubringer hat, die ihm alle in der Masse umlaufenden Gerüchte zutragen!) Er, Moische Katz, gebe die Versicherung, daß, sollte es wirklich heißen, nach Hause fahren, er bestimmt der letzte sein werde, der davonfahren würde, bestimmt nicht der erste, der auf und davon laufen würde.

Das war gestern. Heute früh platzte die Nachricht zu uns herein, wonach in Schargorod und Murafa je 150 Juden in der Nacht ausgehoben und zur unglückseligen ,,Arbeit'' verschickt worden seien. Diese Nachricht befreite uns zwar von der Sorge einer Evakuierung, doch ließ sie an ihre Stelle eine neue treten, die allerdings durchaus nicht neu ist, denn dies ist ja, hierorts, *die* Sorge par excellence, die Kardinalsorge der Juden Dschurins, der Alpdruck, der auf Dschurin lastet, die Sorge, die auch in den Tagen stürmischster Heimkehrhoffnung unterschwellig nistet und nagt; noch frißt an den Herzen die tiefe Trauer um die letztens verlorenen Söhne, von denen die einen in Trichatin zu Tode ,,verarbeitet'' werden, die anderen in Tultschin, dem Ort, den bereits die Zaren mit jüdischem Blut in die Geschichte der Juden eingezeichnet haben und dem sie einen für jeden Juden schauerlichen Klang verliehen haben.

Zwar hat der Vizekönig, Moische Katz, salbungsvoll versichert, es habe über den Häuptern auch unserer (noch verbliebenen) Männer dieselbe Gefahr wie in Schargorod und Murafa geschwebt, doch habe er, Moische Katz, sie abgewendet.

Doch sind wir, und bleiben, Worten von Moische Katz gegenüber skeptisch. Und so haben sich nach den Nachrichten aus Schargorod und Murafa die Gassen in Dschurin zu leeren begonnen. Die Liebe zur weiten, hinter Dschurin sich erstreckenden Natur, mit ihren ,,natürlichen'' Schlupfwinkeln ist in den Gemütern der Bedrohten wieder mächtig erwacht — man weiß dem Schöpfer Dank auch für seinen Einfall, den Mais, die Maispflanzen so hoch wachsen zu lassen, daß sie die Höhe der menschlichen Gestalt erreichen und sie manchmal sogar überragen.

Unser Leben in Dschurin ist zu einem langgezogenen, nicht endenwollenden, tragikomischen Lied geworden, wo sich nach jedem noch so lustigen Couplet immer wieder der schauerliche Refrain wiederholt: ,,Arbeit". Das allerletzte Couplet war so neuartig, so sehr verschieden von den vorhergegangenen. Wer hätte gedacht, daß auch zu diesem neuartigen Couplet der alte Refrain paßt: Wir fahren nach Hause, wir kommen zurück nach Bessarabien, in die Bukowina oder auch ins Altreich (regat). Refrain: 150 Männer aus Schargorod, 150 Männer aus Murafa zur ,,Arbeit" nach Tultschin, und das Zittern unserer Schafe in Dschurin, da die Lämmer dort in der Nähe geschoren werden.

Montag, 6. September 1943

Vormittagsnachricht: Und dennoch. Die Sorge sei unbegründet gewesen. Denn: wir fahren doch heim — der ,,ordin" (Befehl) liegt den Gendarmen schon vor.
Also: man packt wieder. Man trägt Ranzen hin und her. Man richtet, flickt Schuhe, Hosen, manche auch Stiefel. — Herr Wassermann aus Radautz, ein Mann von Rang und Alter, der mir freundschaftlich gesinnt ist, nimmt mich zur Seite: ,,Der Süden (so die brachylogische Bezeichnung für die Juden der Südbukowina) kommt ganz bestimmt nach Radautz, der Norden (= die Juden der Nordbukowina) nach den Vorstädten von Czernowitz (Kalitschanka, Klokutschka u. a.)."
Letzte Nachricht: Fildermann hat doch die ,,Repatriierung" erwirkt, aber nur für den Süden. Die Reise heimwärts beginnt für den glücklichen Süden am 15. September.
Tröstliche Abendausgabe: Es fahren doch alle heim, auch die Juden der Nordbukowina, ja auch die aus Bessarabien. Mehr noch: Die ersten, die heimkehren, mit denen die Rücknahme beginnt, sind sogar die Juden aus der Nordbukowina. — Freude, Freude, Freude!

Dienstag, 7. September 1943

Vier Uhr nachts. Aus dem besten Schlaf werde ich von zwei Gestalten gerissen, die auf ihrer Flucht in das ,,Hinterland" Dschurins ans Fenster meines Stübchens stürmisch pochen: ,,Flieh — Auf — Arbeit. Im Ghetto überfallen Gendarmen und Milizen die Schlafenden." — Und fort sind sie. Ein brenzliges Brühen in der Zungenspitze und eine Eiskruste ums Herz . . .
Rasch bin ich in die Kleider geschlüpft und suche Zuflucht am Dachboden des ukrainischen Nachbarn, der gastfreundlich genug ist, mir die Benützung seines Dachbodens, wo er sein Stroh hat, zu gestatten. Während ich so unter einem Strohhaufen eingegraben daliege, mit solch wahnsinnig klopfendem Herzen, daß ich immer wieder davor, wie vor einem fremden Geräusch, aufschrecke, beginne ich den Sinn der vorangegangenen Tagesereignisse zu erfassen. — Also, das war des Pudels Kern. Alle Achtung!
Ich zweifle, ob unsere ,,Regenten" Macchiavelli gelesen haben, macchiavellische Diabolik scheint aber den Herrschenden schon als Naturgeschenk gegeben zu sein. Also dazu wurden die beglückenden Heimfahrtsgerüchte ausgestreut, um die nötige Einschläferung zu erzeugen, jene Sorglosigkeit, in der das Judenwild am leichtesten zu erlegen ist.
Als dann hier ruchbar wurde, daß unsere Nachbarorte, Schargorod und Murafa, ihren Blutzoll entrichtet haben, da griffen unsere Regenten rasch ein, um die Gemüter zu beschwichtigen. Wieder bot unser eigentlicher Souverän, Herr Moische Katz, all sein rhetorisches Talent auf, um uns zu versichern, er habe es geschafft, kraft seines Einflusses bei den Rumänen, die Gefahr, die auch den Männern Dschurins drohte, abzuwenden. Am Montag, gestern, wurde dann, um jeden Zweifel zu ersticken, die Botschaft unters Volk ausgestreut, die Heimfahrt stehe schon, schon, bevor, und zwar für alle.
— Wie hatte er, Moische Katz, es nur so schön gesagt: es möge ihm ,,entgegenkommen", was er für uns getan und erreicht hat. Also — könne jeder ruhig schlafen und süß von der Heimfahrt träumen. Was wir auch taten. Bis vier Uhr nachts am 7. auf den 8. September. Um

vier Uhr in der Nacht ging die Menschenjagd los. Wie ich später erfuhr, sollten diesmal 130 Mann den Gendarmen überstellt werden. Das ist selbst für unser so tüchtiges Komitee keine leichte Sache. Denn das Komitee hat ja seine Schützlinge aus den upper classes und manche auch aus den middle classes, die sich loskaufen können. Also kommen als Arbeitsopfer nur die Ärmsten und Hilflosesten in Betracht, und von dieser Kategorie sind ja schon die meisten weg. Trotzdem, da diesmal der Überfall geschickt, mit vortrefflicher psychologischer Vorbereitung und politischem Raffinement inszeniert wurde, war anzunehmen, daß die Zahl der diesmal verlangten Opfer in wenigen Stunden erfüllt sein werde.

Mittwoch, 8. September 1943

Wie doch der heutige Tag, der achte Septembertag, so schön ist! Mefisto lacht mit blendend blauem Himmel und blendend hellem Sonnenschein; lacht und höhnt uns, daß er nach einer so düster-traurigen Nacht einen so unbeschwerten, leuchtenden Tag hervorzaubern kann.
Man hat mich diesmal nicht gesucht. Und wenn schon? Können die dumpfen Stunden unter der Strohdecke, das bange Herzklopfen, das unwillkürliche Erzittern bei jedem geringsten Geräusch spurlos an mir vorübergegangen sein?
Ach, dieses elende Leben! Ich muß wieder an den Ausspruch des Rabbi Akiwa denken. Man sitzt an einem spärlich gedeckten Tisch, der Wirt ist ein Prellwirt — für jedes Krümchen von Genuß muß ein horrender Wucherpreis gezahlt werden. Ja, auch Kredit räumt uns unser tückischer Wirt ein; er notiert alles Genossene ganz genau und läßt sich dann auf einmal die Rechnung ganz bezahlen. So haben wir für den schönen Strand und die schönen Ipa-Meldungen, an denen wir uns gelabt haben, zwar etwas später — wir hatten Kredit —, aber dafür vollauf, mit Zinsen bezahlt.

Ich sinniere so weiter: wir Juden sind zwar — wie auch die Nicht-Juden — nicht fortgeschritten, doch sind wir höhergeschritten, gestiegen sind wir, bis hinauf zu den Dachböden. Auf allen Dachböden liegt ein Jude. Das ist der 8. September, der strahlend leuchtende 8. September, der schwarze 8. September. —

Zwölf Uhr mittags.

Vom Dachboden herabgestiegen, erfahre ich soeben, daß meine Bewunderung für die Jagdkniffe unserer Menschenjäger nicht ganz begründet war. Obzwar die Jagd schon an die acht Stunden andauert, so fehlen noch immer 50 Männer für die dem Moloch zu erbringende Zahl 130. Ich muß daher schleunigst wiederum meinen Strohpanzer auf dem Dachboden anlegen.

Drei Stunden später.

Ich steige — auf jedes Risiko hin — vom Dachboden herab. Doch diesmal ist es soweit. Die Opfer sind abgeschoben. Ich wage mich in das Ghetto hinaus. Haec facies Troiae. Lähmendes Entsetzen liegt noch auf den Gesichtern der Nochvorhandenen. Jede Familie hat ein Opfer zu beklagen. Manche mehr als eines. Eine Mutter — wird erzählt —, der man beide Söhne entriß, schrie und jammerte entsetzlich: Ihr Mörder, laßt mir wenigstens *ein* Kind.
Welch schauderliche Nachrichten ein paar Stunden später von den Verschleppten: Ein Bauer erzählt. Sie wurden wie die Lämmer getrieben, Schläge hagelten auf sie nieder, besonders auf die, die nicht rasch genug marschierten (wie sollten sie auch, nachdem sie vor dem „Abmarsch" stundenlang auf den Beinen sein mußten, bis die be-

fohlene Zahl beisammen war). Derselbe Bauer fügte noch hinzu — vielleicht nur aus Lust, Schrecken zu erregen —, er habe unterwegs auf einem Felde eine Gruppe von Juden gesehen, darunter auch Frauen und Kinder, die jämmerlich schrien und weinten ...
Gegen Abend treffe ich wieder auf verstörte Gesichter. Es wird geflüstert, in der Nacht würden weitere 50 Männer ausgehoben, man sehe Gendarmen im Lager zu den Ghettoausgängen hineilen, um sie abzusperren. Andere wollen wissen, daß es diesmal nicht nur den Männern an den Kragen gehe, diesmal sollen auch schon Frauen und Mädchen drankommen. Plötzlich begegnet mir da einer mit der Nachricht, die Miliz (unsere jüdische Miliz) habe Befehl erhalten, für die Nacht sich parat zu halten.
Der heutige Tag will, wie es scheint, seine triste ,,Historizität'' bis auf die Neige leeren.
Ach ja, wie sagte nur der deutsche Hauptmann im Gespräch mit Menczer: die Rumänen sind nicht so grausam wie die Deutschen. Sie betreiben keine Massenhinrichtungen, keine Massenerschießungen. Nun ja, sie machen es ,,humaner''. Sie peinigen uns langsam, tröpfchenweise, zu Tode. Wenn bis zum Schluß keiner von uns hier mehr am Leben ist, so sind wir eines ,,natürlichen'' Todes gestorben.

Donnerstag, 9. September 1943

In der Nacht hat es begonnen. Wieder Flucht auf den Dachboden. Diesmal dringen bis zu mir Gejammer und Wehgeschrei, gewiß erfolgloses Wehgeschrei. Da lassen sich weder Milizen (jüdische) noch Gendarmen (rumänische) erweichen. Wer sich erwischen läßt, ist gut erwischt und muß zur ,,Arbeit''. Auch wenn es zu den Deutschen geht, die die Juden der ,,Endlösung'' zuführen.
Gewiß, das heftige Herzklopfen hält mich wach. Einschlafen werde ich sicherlich nicht unter meiner Strohdecke. Doch auch das Gehirn kann ja nicht, wenn nicht von Träumen umgaukelt, arbeitslos daste-

hen, das wache, überwache Gehirn muß ja was kauen, muß Gedanken sich abspulen lassen. Wie soll ich sonst über diese erstarrten, nicht mehr fließenden Stunden hinwegkommen? Könnte ich wenigstens etwas Ablenkendes lesen oder mit jemandem ein Wort wechseln. Doch ,,unterhalten" kann ich mich hier nur mit mir selbst. Woran soll ich da denken, womit meine Gedanken beschäftigen, wenn nicht mit der Frage nach dem eigentlichen Grund, nach der Wurzel meines Dachboden-Schicksals. Ist es wirklich mein Judesein?
Ist es wirklich so, daß als Jude geboren zu werden, dem Umstand gleichkommt, mit einem Buckel auf die Welt zu kommen, oder blind, stumm oder taub geboren zu werden? Ist ,,Jude" der Name eines unkorrigierbaren Geburtsfehlers?
Doch hier beginnt der Verdruß, die Verbitterung. Mein Schicksal hier und das meiner Leidensgenossen hier ist ja kein allgemeines Judenschicksal. Da sitzen sie dort in den Staaten, die Millionen Juden, die sich rechtzeitig nach Amerika verfrachtet haben, und die nichts davon spüren, was wir Juden, in Hitlers Netz gefangen, über uns ergehen lassen müssen.
Die Passivität der Juden Europas, insbesondere Ost-Europas, im 19. und 20. Jahrhundert, ist mir unverständlich. Da kleben sie an diesem Europa, lassen Jahrzehnte, ja Jahrhunderte lang über sich die schlimmsten Demütigungen ergehen, die schlimmsten Verfolgungen, Attentate auf Leib und Leben, ertragen Beschimpfungen, Verhöhnungen und den tödlichen Haß der sogenannten ,,Wirtsvölker" und denken nicht daran, endlich einmal eine radikale Lösung für ihre Not zu finden. Dabei war und ist es beileibe nicht ein Problem von einigen Hunderten oder nur Tausenden, nein, es waren Millionen, die sich da knechten und umbringen ließen.
Viele, zahlenmäßig kleinere Völker Europas eroberten sich, in der Zeit vor dem Ersten Weltkrieg wie auch danach, ihre Freiheit und Unabhängigkeit. Von den Juden Rußlands hieß es ja, sei seien in *kompakten Massen* im sogenannten ,,Ansiedlungsrayon" im Westen Rußlands ansässig. Warum haben sie nicht, als 1917 das Zarenreich zusammenbrach, dieses Zarenreich, das der Erfinder des Wortes und der Untat ,,Judenpogrom" war, im Westen Rußlands, als

elementare Rache für das ihnen von den Russen zugefügte Leiden, einen jüdischen Staat ausgerufen? Es gab doch dort ein jüdisches homogenes, millionenzählendes Menschenmaterial mit einheitlicher Sprache und einheitlicher Kultur? Warum haben sie nicht, meinetwegen auf dem Gebiet der auseinanderfallenden Donau-Monarchie einen verteidigungs- und wehrfähigen Judenstaat errichtet?
Wie soll man da nicht an die wie auf dieses Versagen der Juden zugeschnittene jüdische Anekdote denken, die da von einer jüdischen Frau erzählt, die ihren Mann auf den Marktplatz schickt, einen Korb Brezeln zu verkaufen: als der Mann mit leerem Korb und ohne Geld nach Hause kommt und der verwunderten Frau berichtet, schlimme Buben (,,Schkuzim'') hätten seinen Korb umgekippt und die Umstehenden hätten sich auf die am Boden verstreuten Brezeln gestürzt und ,,gechapt'' (= geschnappt), ein jeder, was er nur konnte, schrie ihn das Weib an: ,,Du Unglücksmensch, du, wenn alle ‚gechappt' haben, warum hast nicht auch du gechappt?''
Alle Völker haben von der Leiche Österreich—Ungarns und der Halbleiche Rußlands, was sie nur konnten, an Gebietsstücken ,,gechappt'', nur die Juden standen tatenlos beiseite.
Gewiß, es gab Juden, denen die Idee Judenstaat nicht fremd war, es waren die Zionisten, die, in der Nachfolge Herzls, davon träumten, den Judenstaat nicht in Europa, sondern im Lande ,,der Väter'', in Palästina, zu errichten. Doch wie kläglich haben auch sie versagt, als auch das Türkenreich, das früher über Palästina geherrscht hatte, zusammengebrochen dalag, und es, bei etwas Mut und Selbstvertrauen, ein leichtes war, sofort nach dem Ersten Weltkrieg in Palästina einen Judenstaat auszurufen. Doch die Zionistenführer brachten nicht den Mut und die Fähigkeit auf, die Gunst der Stunde zu nutzen. Ein Hussein, ein Abdallah und wie alle die Beduinenhäuptlinge hießen, wurden als reif genug, würdig und tauglich genug befunden, und erachteten sich selbst als solche, um für sich Gebietsstücke aus dem von den Alliierten und nicht von ihnen besiegten Türkenreich zu verlangen und als Häupter von unabhängigen Staaten, die sie auf diesen den Türken entrissenen Gebieten proklamierten, anerkannt und hofiert zu werden.

Nur die Zionistenführer hielten sich für so unreif, so unmündig, so
minderwertig, daß sie sich die Tutel Englands erbaten, sich unter die
Vormundschaft ausgerechnet der doppelzüngigen und wortbrüchi-
gen Engländer stellten, die zwar den Juden für die von ihnen geleiste-
ten und noch zu leistenden Dienste einen Judenstaat in Palästina in
Aussicht stellten, die von den jüdischen Führern erbetene Vormundschaft aber dazu nützten, auf die Kreierung eines arabischen Staates
in Palästina hinzuarbeiten, und nicht eines jüdischen. Es ist unbe-
greiflich, warum ein Weizmann, ein Sokolow sich kleinmütig für
unfähig erklärten, einem Staat voranzustehen wie die von den Engländern verhätschelten und mit Gold überschütteten Wüstenscheichs.
Und so hatten die Juden während des Ersten Weltkrieges die Kosaken-
pogrome, knapp nach Ende des Krieges die Petljura- und die Polen-
Pogrome über sich ergehen lassen müssen, doch nützten sie nicht den
günstigen geschichtlichen Moment nach dem Ersten Weltkrieg, um
der Lösung ihres schmerzlichen Problems, permanentes Pogromob-
jekt zu sein, einen Schritt näher zu kommen. Sie blieben weiter in
ihren Millionen im Ozean des sie umbrandenden Hasses der europäischen Völker stecken, um die Lösung, die ,,Endlösung'' erst dem
Schwerverbrecher Hitler zu überlassen.
Gut, nehmen wir an, die Juden hätten, als Folge der jahrhunderte-
langen Knechtung und Untertänigkeit, jede staatsbildende Fähigkeit
eingebüßt, die Fähigkeit, einen Staat zu errichten, der sie vom
Schicksal der widerstandslos zur Schlachtbank geführten Lämmer
bewahren könnte. Wieso waren sie sich dessen nicht bewußt, und
warum griffen sie dann nicht zu einer leichter zu bewerkstelligenden
Lösung ihres Problems, nämlich, gut organisiert und mit aller Ener-
gie, hauptsächlich mit Hilfe der Millionen zu Wohlstand und Einfluß
gelangten Juden Amerikas, einen totalen Exodus aus dem sie knechtenden und ächtenden Europa zu vollziehen, so wie sie in ihrer biblischen Zeit alle, ohne Ausnahme, aus dem sie knechtenden Ägypten
ausgezogen sind? Wenn Amerika drei Millionen Juden bis Ende des
19. Jahrhunderts, ohne zu Schaden zu kommen, absorbieren konnte, so hätte es gewiß noch sechs zusätzliche Millionen verdauen können, wie es viel, viel mehr Neger aufgenommen hat, die es nicht mit

Pogromen behandelt und auch nicht in ihre „historische" Urheimat, in das weiträumige Afrika zurückschickt.
Wo blieb die so sehr gerühmte jüdische Solidarität, das „Kol Jisruel Chawerim"? Die Millionen Juden, die nach Amerika gelangt waren und sich dort eingelebt hatten, hatten so für ihr Judenproblem geglückte Individuallösungen gefunden. Ihre Brüder in Europa, in Rußland, überließen sie ihrem Elend, ihrem Untergang. Anstatt der Losung „Kol Jisruel Chawerim" wählten sie eine andere, die nämlich, die sie in einem anderen jiddischen „Wertel" (= Witz) dem Choroskewer Ruw zugeschrieben haben, dem sie in den Mund den Ausspruch legten: „Ich bin nicht wie die anderen. Die anderen denken jeder nur *an sich*, ich aber denke nur *an mich.*" Und auch heute sitzen sie, die jüdischen „Brüder" und „Glaubensgenossen" schön ruhig in Amerika und rühren keinen Finger, um die amerikanische Regierung dazu zu veranlassen, etwas zu unternehmen, um den Gang der hitleristischen Ausrottungsaktion gegen die Juden zu stoppen, schauen zu und schweigen, oder aber sie schauen gar weg, um nichts zu sehen.
Daß die Völker der Welt unserer Vernichtung seelenruhig zuschauen, wen wundert es, sind sie doch alle, dem Berufe oder der Berufung nach, im Sinne und in der Folge ihrer christlichen Erziehung, Judenfeinde und freuen sich nur, die Engländer am meisten, über unseren Untergang. Wo aber bleiben die amerikanischen Juden? Wenn sie schon nichts Konkretes unternehmen oder zu unternehmen veranlassen können, sollten sie doch wenigstens einen Protestschrei erheben, daß die Welt darob erzittere.
Doch wozu in die Ferne schweifen? Welch jämmerliches Verhalten der sogenannten Leidensgenossen, der Juden, die demselben Schlächter ausgeliefert sind! Da geben sich Juden hier mit Beflissenheit dazu her, dem Todfeind ihre „Mitbrüder" ans Messer zu liefern, in der törichten Hoffnung, so dem Schlächter zu entkommen. Sie denken nicht daran, daß, sobald sie keine Opfer mehr werden liefern können, sie selbst dann an die Reihe kommen werden. Sie kommen sich offenbar in ihren Augen als etwas Besseres vor als wir, die zur Arbeit Eingefangenen. Doch für die Rumänen oder die Deutschen

sind sie die gleichen ,,schäbigen Juden''. Sie werden ihnen schwerlich für ihre Henkersdienste Dank bezeigen. —
Nicht minder traurig ist der Mangel an Mitgefühl seitens der jeweils hier von einer ,,Aktion'' (noch) nicht Betroffenen. Was der Herr Rennert zu ihrer Verteidigung mir da vortrug, klang in meinen Ohren wie das, was der Advokat zur Verteidigung eines abscheulichen Schwerverbrechens vorbringt.
Wie traurig, wie beschämend ist auch der Unterschied, den die Südbukowiner Juden hier uns, den Nordbukowinern, immer wieder unter die Nase reiben. Würde man sie, nur sie, befreien, sie würden bestimmt keinen Seufzer darüber verlieren, daß wir, Nordbukowiner und Bessaraber, für den Untergang hier zurückbleiben.
Und dieser Mangel an nationaler Solidarität überschreitet die Gegenwart sogar in die Zukunft hinein — vorausgesetzt, daß es für uns Juden hier noch eine Zukunft geben wird. Ich muß da an den Mann denken, der kürzlich, in den Tagen, als man die ,,Jeschieh'' schon an der Tür stehend vermutete, aus Murafa kommend, in den Chor derjenigen einstimmte, die freudvoll die bevorstehende Heimkehr erwarteten, und der da meinte, diese Hoffnung noch ,,vergolden'' zu müssen, indem er die Erzählung zum besten gab, er habe in einer rumänischen Zeitung gelesen, daß die Juden nicht rachsüchtig sind und nicht nachtragen, wie es ihnen Moses befohlen hat. Ich zweifle sehr, ob dieser Jude aus Murafa so etwas in einer rumänischen Zeitung gelesen hat; es war dies bloß der Ausdruck seiner servilen Gules-Gesinnung, die ja leider auch so manchem unserer ,,Mitbrüder'' nicht fremd ist, die gerne vergessen und vergeben würden, was da alles mit Juden in diesen schwarzen Jahren getan wurde.
Ach, ich liege da mit klopfendem Herzen und jagenden Gedanken, im Stroh vergraben, und denke, wie schlecht es auch selbst so manche Südbukowiner haben, die nicht das Glück haben, zu den ,,Zur-Arbeit-Nehmenden'' zu gehören, und die, genau wie ich, irgendwo auf einem anderen Dachboden oder wo draußen, in einem Gestrüpp oder Erdloch ähnlichen Gedanken nachhängen.
Ja, die Geschichte, die grauenvolle Geschichte des 7., 8. und 9. September 1943 ist nicht die Geschichte *aller* Dschuriner Juden; sie ist

bloß die Geschichte derjenigen Juden, die auf Dachböden und in anderen Verstecken liegend, sich der Illusion hingeben, sich der ,,Endlösung'' entziehen zu können.
Die Zeit scheint still zu stehen. Ich spähe durch die Luke, es ist noch finster. Womit nur weiter meine Gedanken füttern? Ich stelle ihnen die Frage: Die Aufteilung der Juden hier in solche, die andere Juden zur ,,Arbeit'' nehmen (bzw. den Gendarmen dabei behilflich sind) und selbst nicht zur ,,Arbeit'' gehen, und solche, die zur ,,Arbeit'' gehen und selbst nicht andere zur ,,Arbeit'' nehmen — wie ist diese Aufteilung eigentlich zustande gekommen? Welche Vorzüge und welche Kriterien dafür den Ausschlag gegeben haben, um in die eine oder die andere dieser Kasten zu kommen, das ist offensichtlich ein Ding, das Verstand oder Vernunft nicht erklären kann. Die Erklärung, es seien die Vermögensverhältnisse bestimmend gewesen, kann nicht vollauf befriedigen. Wohl ist es eine unleugbare Tatsache, daß die jüdischen Regenten so manchem von uns hier im Besitze materieller Güter überlegen sind — doch dies dürfte erst eine Folge des Regierens sein, und je länger das Regieren andauern wird, desto stärker wird voraussichtlich diese Folge sein. Im Ursprung war es aber bestimmt nicht so. Und schwerlich hätte man in den ersten Tagen unseres Hierseins eine Summe von vier Millionen Mark bei einem dieser Regenten gefunden, wie es jetzt vor ein paar Tagen durch einen unglücklichen Zufall geschehen ist, als ein fremder Gendarmerieoffizier — wahrscheinlich auf eine Denunziation hin — beim Bruder unseres Souveräns Moische Katz obgesagten Betrag entdeckt hat. Wie gesagt, wer ,,wissenschaftlich'' denken will, der darf Ursache und Folge nicht verwechseln, also Regieren und Vermögensvorzüge, wenn auch von so manchem hier die Äußerung zu hören ist, für die Herren des Komitees sei Dschurin ,,das Geschäft ihres Lebens''.
Wer andererseits an Geistesvorzüge denken wollte, die das unerschütterliche Bestehen des Komitees erklären würden, der würde ebenfalls der Wahrheit nicht näher kommen. Denn, was gehört denn schon überhaupt für Geistesqualitäten zu einem ,,Regieren'', dessen Quintessenz es ist, ein paar Jagdkniffe zu meistern, ein paar Kunstgriffe im Menschenfang zu beherrschen, — ein Regieren, das

wesentlich darin besteht, nicht selbst zur ,,Arbeit" zu gehen, sondern andere dazu einzufangen?
Wie also die einen zum Regieren (bzw. Mitregieren) über Juden und die anderen zum Regiertwerden berufen wurden, das kann ich mir nur mythologisch erklären, denn Vernunft, ratio, liegt darin nicht. Ich stelle mir vor, daß die Göttin Fortuna, die Göttin mit der Binde vor den Augen, den Auftrag erhalten hat, in das Häuflein gleich entwurzelter, gleich vertriebener und gleich beraubter Juden, die der Vertreiber in Dschurin liegenließ, hineinzugreifen und daraus eine Handvoll Regenten herauszuholen, die da helfen sollen, des Vertreibers Absichten zu verwirklichen. Die Göttin hatte dabei ihre Binde noch fester um die Augen gedrückt, hat alles störende Mitwirken von Vernunft ausgeschaltet und — heraus sprangen die ,,Zur-Arbeit-Nehmer" Dschurins, die Glücklichen, die nicht auf Dachböden unter Strohbedeckung zu zittern brauchen.
Wie interessant wäre es doch, wenn auch die Regenten Dschurins eine Chronik über das ,,Gules Dschurin" schrieben, und wie lehrreich doch eine Gegenüberstellung dieser zwei Chroniken wäre. Doch ist es schwer anzunehmen, diese Regenten würden sich auch mit dem Schreiben von Chroniken abgeben; das Schreiben von Chroniken gehört wohl nicht zum Regieren von Juden, im Dienste der Rumänen direkt und der Deutschen indirekt, dazu gehört bloß geschickt und unsentimental zur ,,Arbeit" einzufangen und, so ganz nebenbei womöglich, auch seine Vermögenslage zu verbessern.

Freitag, 10. September 1943

Schon in den frühen Morgenstunden war die Jagd zu Ende. Die Milizen und Gendarmen hatten rascher als sonst den geforderten Tribut aufgebracht. Vielleicht deshalb, weil diesmal die Zahl der Einzufangenden nicht größer als 50 war. Es ging diesmal nach Winniza — eine Dankesgabe der Rumänen an ihre Wohltäter, die Deutschen.

Als wollte man uns trösten, überbrachte man uns heute eine ganze Reihe ,,guter" Nachrichten: so — Italien habe kapituliert; in Dänemark habe es einen blutigen Aufstand gegeben; die Alliierten seien in Norwegen gelandet. Doch selbst wenn dies keine Phantasieerzeugnisse sein sollten — wonach insbesondere die erste und dritte dieser ,,guten Nachrichten" schmecken —, können sie uns über den Schrecken und die Trauer der letzten drei Tage, über die Qual und Pein der letzten drei Nächte hinwegtrösten?

Freitag, den 17. September 1943

Ein Leutnant der Sanität inspizierte unsere ,,Strafkolonie" bzw. ,,Arbeitslager" (die offiziellen Benennungen unseres Gefängnisses) und gebärdete sich wütend darüber, daß die Typhusepidemie bei uns so schrecklich wütet. In seinem edlen Zorn verprügelte er Ärzte, die er in dem von ihnen improvisierten Spital zufällig vorfand sowie das Hilfspersonal. Die Schläge begleitete er — wie mir dann berichtet wurde — mit dem spöttischen Ausspruch: ,,Ich weiß, ich weiß, bin gut informiert. Ihr erwartet täglich die ‚Befreier'. Doch merket euch: Bis eure Befreier hier auftauchen, habe ich noch Zeit genug, euch alle hier aufzuhängen, selbst wenn ich jeden Monat — jeden Monat, sage ich, nicht jeden Tag — bloß einen einzigen von euch aufhänge."
Ach, wie leicht ist es dem Peiniger noch obendrein witzig zu sein, wenn er als Pointe auch noch die Peitsche schwingen kann.

2. bis 4. Oktober 1943

Ereignisse dreier aufeinanderfolgender Tage.
Man werfe mir nicht vor, die Chronik zu mißbrauchen, um über Per-

sönliches zu berichten. Mutatis mutandis erzähle ich in erster Person die Geschichte so gut wie aller echten ,,Dschuriner".

Samstag, 2. Oktober

Auf meinem ,,Heimweg" (d. i. auf dem Weg in meine Behausung), so etwa gegen zwei Uhr nachmittags, sehe ich an den Türen bestürzt-fragende Gesichter: was ich weiß und ob ich aus der ,,Stadt" (gemeint — aus der Nähe des Komitees) komme. ,,Ich komme nicht aus der Stadt und weiß auch von nichts. Was wißt ihr denn?" — ,,Wieso? Sie wissen nichts? Vom Unterschreiben?" — ,,Soeben" — klärt mich eine Frau auf — ,,sind die Gruppenchefs von Familie zu Familie gegangen und haben den Befehl überbracht, alle Familienhäupter müssen im Komitee erscheinen, um zu unterschreiben, daß man das Ghetto nicht verlassen wird. (Gruppenchefs = Juden aus dem Kreis der ‚Untertanen', die das Komitee mit der ‚Transmission' seiner Verordnungen und Befehle an je eine Gruppe von Behausungen beauftragt hat.) Sollte das Familienoberhaupt nicht ‚zu Hause' sein, müsse ein anderes Mitglied der Familie, im Alter von zehn Jahren aufwärts, hingehen. Nun fürchten wir natürlich — so die Frau, in Fortsetzung ihrer Aufklärung —, daß dies bloß eine Finte ist, um die dort Zusammengekommenen einfangen zu können, zumal man auch Gendarmen zum Komitee hinaufgehen gesehen hat."

,,Zu Hause" angekommen, wird mir mitgeteilt, daß man auch mich zum Unterschreiben gerufen hat. Ich bin natürlich mißtrauisch. Ich muß den Leuten wohl recht geben. Das mit dem Unterschreiben kann keine ,,koschere Sache" sein; denn, erstens konnten ja die Gruppenchefs den Zettel zur Unterschrift gleich mitbringen, und zweitens: unsere ,,Unterschrift" — das kann doch wohl bloß eine Farce sein. Wozu brauchen die Herren dort eigentlich unsere Unterschrift? Etwa um sich moralische Deckung zu verschaffen, wenn einer, der ins Dorf geht, erschossen wird? Doch vor allem: Was haben wir Dschuriner Sträflinge denn schon für eine Unterschrift? Wir haben doch schon beim Übergang aus Ataki nach Mogilew jede juristische Existenz, jede menschliche Identität verloren, hat man uns doch jedes Ausweispapier und jedes Studium-Dokument weggenommen, und sind wir doch seither bloße Fliegen, ohne einen Namen, den wir unter irgendein Papier setzen könnten.

Ich beschließe, nicht hinzugehen und suche ein vorläufiges Versteck auf, nachdem ich ein Nachbarkind darum gebeten habe, in die ,,Stadt" hinaufzulaufen und auszukundschaften, was dort im Komitee vor sich gehe. Mein Kundschafter wußte nur soviel zu berichten, daß Gendarmen die dort versammelten Männer umzingelt und gedroht haben, Fliehende auf der Stelle zu erschießen. Ich wechsle mein Versteck gegen ein etwas sichereres, wo ich noch zwei Leidensgenossen antreffe, die von mir die neueste Nachricht entgegennehmen. Plötzlich hören wir zwei Schüsse und nach einer Pause noch einen. Wir horchen gespannt, mit pochendem Herzen. Und da erfolgt ein Ausbruch von gellenden, markerschütternden Schreien. Die Mitversteckten ringen erbleichend die Hände. Auch ich knicke zusammen und falle im Gesträuch zu Boden. Und wieder dringen Angstschreie an unsere Ohren. Wilde Gedanken durchzucken mich. Methode Winniza — versammelte Männer werden an die Wand gestellt, ein Maschinengewehr mäht sie hin und dann im Massengrab, ob bereits tot oder noch lebend, verscharrt.

Ich schaue, wie ich so entkräftet und halb ohnmächtig im Gebüsch daliege, auf meine Handuhr, die ich irgendwie vor dem Zugriff der Räuber gerettet habe, und sehe — es ist vier Uhr. Wenn wir nur bis sechs Uhr nicht erwischt werden, so können wir bei Nachteinbruch ein noch sichereres Versteck aufsuchen. Doch, o weh, die Ewigkeit ist kein abstrakter Begriff, sie ist etwas schmerzhaft Konkretes, wenn man verzweifelt darauf wartet, daß die Zeit verstreiche ... Ich bin überzeugt, eine Stunde sei bereits verstrichen, ich darf wagen, wieder auf meine Uhr zu schauen. Grauenhaft — es ist bloß vier Uhr und fünf Minuten! Und das muß noch so weitergehen bis sechs Uhr. Unfaßbar grausame Zeitschnecke. Und der Schreckensgedanke bohrt und bohrt.

Wie, wenn die Häscher vor mir hier im Versteck plötzlich auftauchen?! Und selbst, wenn dies heute nicht geschehen sollte, was dann morgen — und übermorgen? Und wiederum bin ich bemüht, mich durch Zureden mit dem Gedanken des Todes zu befreunden — und habe es vernunftmäßig schon so weit gebracht, daß der Übel ärgstes das Leben ist und insbesondere das Leben eines europäischen Juden. Wie mechanisch wiederhole ich, fort und fort, sozusagen als Autosuggestion, das einmal Gelernte und das oft immer wieder Gelesene in Kohelet (Der Prediger): ,,Ich lobe mir die Toten, die schon gestorben sind, mehr als die, die noch leben . . .'' und ,, . . . der Tag des Todes ist besser als der der Geburt''. Doch der Körper, ähnlich einem Wurmfragment, krümmt und windet sich, vom Gedanken unberührt, in seinem vernunftlosen Kleben an diesem jämmerlichen Leben . . . Viel besser, denkt es sich weiter, ist es an der Front; die Kugel kommt — wie heißt es nur in einem deutschen Lied: ,, . . . gilt's mir oder gilt es dir'' —, sie trifft mich und vorbei ist's mit dem Zittern. Dabei das Bewußtsein, zurückschießen zu können, nicht sterben wie ein Hund oder zerquetscht werden wie eine Fliege.

— — —

Ich bin wieder mit dem Schrecken davongekommen. Was war geschehen? Was ich dann berichtet bekommen habe: Der Gendarmeriechef hat sich diesmal ausgezeichnet; er hat sich selbst gelobt, er habe es mit ,,jüdischem Kopf'' gemacht; er brauchte 70 Zwangsarbeiter, wie schafft man das am besten? Eine Idee: Ich rufe die Juden, sich zu unterschreiben — das ist doch ganz harmlos; tatsächlich gab es welche, die darauf hereinfielen. Dann, als die nötige Zahl an Versammelten erreicht war, wurde ein Tisch herangebracht und darauf ein Papier ausgebreitet — List und Spaß muß sein. Darauf hieß er die Leute, an den Tisch heranzutreten, um die Unterschrift zu leisten. Wie sie nun so alle dicht am Tisch standen, zog er etwas aus der Tasche und sagte: ,,Jetzt lese ich das ‚Programm' vor.'' Dann zog er plötzlich einen Revolver aus der Tasche und sagte: ,,Wer sich rührt, wird erschossen. Weiber beiseitetreten! Männer habt acht! Und mir gefolgt!''
Natürlich dürfte jeder der so Überlisteten gedacht haben, daß es das Ende sei. Meine Gedanken im Gebüsch waren bestimmt nicht sehr

verschieden von den Gedanken dieser Unglücklichen in der Umzingelung. Das Geschrei, das uns im Versteck so erschüttert hatte, war von den Frauen gekommen, in dem Moment, wo sie zusahen, wie ihre Männer und Söhne hinuntergeführt wurden, wobei die Gendarmen, zu ihrer Belustigung, Schüsse in die Luft abfeuerten. Sie gingen triumphierend einher und waren hochvergnügt, daß ihnen der Trick so glatt gelungen war — das Jammern der Frauen war für sie offensichtlich die köstliche Würze ihrer Wonne, die Bestätigung, daß sie gut ,,gearbeitet'' hatten.
Erst später erfuhr man, daß die Eingefangenen nicht erschossen worden waren, wie man ja befürchtet hatte. Es war der alte Refrain: es soll zur ,,Arbeit'' nach Warwarowka. — Während die ,,Arbeiter'' sich noch bei der Gendarmerie befanden, ging es los mit Interventionen, Loskäufen und allen sonstigen Begleiterscheinungen dieser Aktionen der Blutabzapfungen. Einem dieser Intervenierenden sagte ein Gendarm in einem Anfall von Aufrichtigkeit: ,,Wozu die Mühe, langsam, langsam, kommt ihr ja alle dran.''
Dieser zweite Oktober, der schwarze zweite Oktober, war ein Höhepunkt; soviel Schreck, soviel Panik und Todesangst hatte es bisher in diesem Ausmaß nicht gegeben. Doch das Traurige ist, daß wir vor dem Höhepunkt der Höhepunkte noch zittern müssen: vor der zu erwartenden Totalliquidierung, der Endliquidierung des Ghettos.
Wie dem auch sei, den rumänischen Sadisten war es wieder einmal gelungen, 70 Juden umzubringen, indem sie sie dem Hunger, den Läusen und dem Typhus, diesmal in Warwarowka, aussetzten.

Sonntag, 3. Oktober, halb drei Uhr nachmittags.

Wieder Panik. Wieder flüchtet man in die bis nun bewährten Schlupfwinkel. Was ist denn nun schon wieder los? Keiner weiß es genau. Die Unruhe ist aus der Luft gekommen. Soviel ist gewiß, soviel weiß man, daß etwas los ist. Jeder Neuankömmling in den

Schlupfwinkeln wird mit Ungeduld und Herzklopfen ausgefragt; je später einer eintrifft, desto Näheres weiß er zu berichten.
Erste Version: 60 Männer und 200 Frauen müssen weg.
Zweite Version: Die Ärzte müssen weg.
Endlich erscheint einer, der etwas Genaueres weiß: die Ärzte und die Gruppenchefs, die des Sanitätsleutnants Mißfallen bei seinem letzten Besuch erregt hatten und denen gegenüber er den makabren Ausspruch getan hatte, bis zum Eintreffen der ,,Befreier" werde er noch genug Zeit haben, alle hier, je einen pro Monat, aufzuhängen — die sind diesmal die Bestraften. Fünf Gruppenchefs und ein Arzt sind jetzt die Opfer.

Obwohl dies ja soviel bedeutet wie sechs vernichtete Familien, so ruft diese Mitteilung in uns, die wir bereits daran gewöhnt wurden, Hekatomben in imposanten Ziffern zu ertragen, eine gewisse perverse Erleichterung hervor. Sind es doch nur sechs Personen — eine kleine Wunde auf der noch von gestern klaffenden viel größeren Wunde. Am Vorabend kommt ein neues Gerücht auf: 1000 Juden müssen aus Dschurin evakuiert werden. Zum Glück (,,Glück" — daß man darüber nicht lache), zum Glück erweist sich dieses Gerücht als falsch. Der Schreck bleibt aber vergiftend in allen Gliedern. Das war der 3. Oktober, Sonntag.

Montag früh

werde ich wieder geweckt: Meine Tante, Ruchel Czaczkes, die typhuskrank im Spital, in unserem höchst primitiven Dschuriner Spital, interniert ist, habe eine Blutung erlitten und werde vom Arzt aufgegeben. Fortsetzung einer Tragödie. Ihr Mann, mein Onkel Moische Czaczkes, ein einst lebenslustiger, vor Witz und Geist sprühender Mann, ist bereits vor sechs Monaten zugrunde gegangen — ein Opfer des Dschuriner Elendlebens. Das war der erste bittere Schicksalsschlag. Am 1. Juni, also vor vier Monaten, erlitt sie den zweiten, niederschmetternden Schicksalsschlag: ihr einziger Sohn, mein Cousin Kubi, wurde ihr nach Trichatin entrissen. Sie weinte um ihren Sohn Tag und Nacht. Der Gram über den verlorenen Sohn war bestimmt mit ein Auslöser ihrer Erkrankung. Zwei ihrer Schwestern und ein Bruder mit Frau, also andere Tanten und Onkel, sind, wie wir zufällig erfahren haben, in Berschad — einem anderen Vernichtungslager Transnistriens — zugrunde gegangen. Ein Sohn dieses Bruders, also ein anderer Cousin, ist in Mogilew den Erfrierungstod gestorben. So wurde meine ganze Familie in diesen Jahren ausgerottet.

Ein Bekannter begegnet mir beim Verlassen des Hauses, fragt mich, warum ich so verstört bin und will mich auf meinem Weg zum Spital begleiten. Apropos Krankheit, erklärt er, er müsse nachträglich den Deutschen Abbitte leisten. Er ist einer der wenigen, die die Jedinetzer Greuel überlebt haben. Seine Erzählung: ,,Wir waren im Jedinetzer Lager an die 15 000 an der Zahl, umzäunt und bewacht — Wasser ins Lager zu bringen, wurde nicht gestattet —, es war Hochsommer. Und plötzlich — kommt doch ein Fäßchen Wasser hereingefahren. 15 000 Menschen stürzen sich darauf. Die Wachsoldaten schießen in die Menge. Es gab eine Unzahl von Toten. Deutsche Soldaten traten da ans Lager heran, sahen unserer Qual zu, und da sagte einer: Nanu, das ist ja grausam. Wir Deutschen sind da viel humaner. Wir quälen keine Juden. Wir erschießen sie!

Etwas von dieser deutschen Humanität erlernten in der Folge auch die Rumänen. Als im Herbst der Befehl kam, aus Jedinetz nach Ataki aufzubrechen, da gab man uns, den noch Lebenden, ein paar Wagen. Alles drängte sich um diese Wagen. Es war Mitte Oktober, es schneite schon. Viele hatten schon ihr letztes Hemd nicht mehr. Frühmorgens, als man nach der Nachtpause weiterziehen sollte, konnten die meisten Wagen nicht vorankommen, ringsherum lagen Leichen, Leichen von der Nacht. Wenn eine dieser Leichen noch einen Fetzen am Leibe hatte, stürzte man sich auf sie, um diesen Fetzen zu ergattern. — Und jetzt komme ich zum Humanitätsfortschritt der Rumänen: Die Führer des Konvois erklärten plötzlich in einer augenscheinlich humanen Anwandlung, sie würden noch Wagen zur Verfügung stellen, dies aber nur für die Kranken; alle, die sich krank fühlen, mögen sich melden. Und tatsächlich tauchten ein paar neue Wagen auf. Die ‚Kranken' wurden auf die Wagen hingelegt, die Wagen wurden zur Seite geschoben und die auf den Wagen Kauernden wurden alle erschossen. — Sie sehen also" — resümiert mir der Jedinetzer seinen Bericht —, ,,auch Antonescus Leute können human sein, wenn auch nur mit Kranken. Und deshalb verstehe ich heute, nach zwei Jahren Dschuriner Qual, wie recht der Deutsche hatte, als er sagte: ‚Wir sind human, wir quälen nicht, wir erschießen.' Er meinte natürlich auch die Gesunden, nicht nur die Kranken." — So erzählte der Mann, der in Jedinetz gewesen war.

Ich bin noch unterwegs zum Spital, als Entgegenkommende mir bedeuten, schleunigst umzukehren. Es gibt wieder Panik im Ort, man weiß zwar nichts genau, doch etwas ist los. ,,Laufen Sie mit, der Kranken können Sie sowieso nichts helfen." — Alles läuft in die gewisse Richtung der Verstecke, ich laufe mit.

Das ist schon der dritte Tag des anhaltenden Schreckens.

Am Vorabend erfahre ich, was eigentlich los war — wieder wurden fünf Gruppenchefs strafweise zur ,,Arbeit" verschickt. Begründung: Sie hätten nicht genügend für Reinlichkeit gesorgt. Wenn wir hier zusammengepfercht hausen, in Bedingungen, die mit Hygiene nichts, absolut nichts gemein haben, wenn noch dazu manche Flüchtlinge von ihren ,,Arbeitsstätten" zu uns, in Dschurin noch Verbliebenen, die dort herrschenden, völlig natürlich herrschenden Epidemien mitschleppen, so sind an all diesem — die Gruppenchefs schuld. Das Lämmchen hat dem Wolf das hinaufflißende Wasser getrübt . . . Also wiederum nur fünf Opfer. Die Tröpferlmethode in reduziertem Maßstab. So, als wollten die Rumänen die Richtigkeit des Wortes des Sanitätsleutnants beweisen, daß sie sich Zeit lassen können, auch mit dem Abzapfen von nur kleinen Blutportionen das Endziel, die ,,Endlösung" zu erreichen.

Fluch, tausendmal Fluch unseren Peinigern und all denen, die dieser Pein von England und Amerika aus zuschauen und keinen Finger für uns rühren.

Dienstag, 5. Oktober 1943

Heute wurde sie zu Grabe getragen. Ihr Sohn Kubi war der einzige seelennahe Mensch gewesen, der ihr noch geblieben war, nachdem sie ihren Mann vor sechs Monaten und ihre Schwestern noch im ersten Winter der Vertreibung in Berschad verloren hatte. Seit Kubi weg war, gab es für sie, für meine arme Tante Ruchel, nur Tränen, Tag und Nacht, ohne Aufhör. Sie sprach nicht mehr, sie weinte bloß, Trostworte wies sie von sich. Sie weinte, auch wenn sie von ihrem Sohn in der ersten Zeit ein paar Zeilen aus dem fernen Trichatin bekam. Es waren dann Tränen der Freude, bitter vermischt mit dem unsäglichen Schmerz, ihr Kind fern von sich zu wissen, unter Raubtieren. Sie weinte vier Monate lang und hat sich zu Tode geweint. Ihr Mutterherz wußte es — sie wird ihren Sohn nie mehr sehen —, deshalb die Tränen.
Fürchterlich, sich hineinzudenken in ihre letzten Minuten, wo das Bewußtsein des nahen Todes sich Platz macht. War schon schrecklich genug, zuzusehen, als ihr Mann, Onkel Moische, dahinging — doch hatte sein Tod, so herzzerreißend der Tod eines Mannes in den besten Jahren auch sein mag, etwas halbwegs Erträgliches an sich. War er doch bis zum Augenblick, wo er seine Seele aushauchte, von Weib und Kind umgeben, seine Seele konnte im Bewußtsein dahinscheiden, es trauere um ihn Frau und Kind. Aber zu sterben im Dschuriner ,,Spital'', diesem Vorhof des Dschuriner Friedhofes, umgeben von fremden, völlig gefühllosen Menschen, die dort nur ihre professionelle Tätigkeit verrichteten — einige Tage vor ihrem Ende hatte sie sich beklagt, daß jede ,,Schwester'', wenn um etwas gebeten, abwehrte, unter dem Vorwand, sie sei jetzt nicht im Dienst —, sich auszulöschen und um sich keinen Menschen zu sehen, dem dies nahegehen würde, der es verhindern möchte, den es schmerzen würde — wie auf ein Eismeer hingeworfen zu sein —, dies ist ein schauerlicher, seelischer Erfrierungstod — ein grauenvoller Tod der Seele, längst bevor der Körper erstirbt.
Es schaudert mich, in diese letzten Stunden der Frau mich zu versetzen, dieser Frau, deren ganzes Leben auf einen einzigen Gedanken

zusammengeschrumpft war, ihren Sohn noch wiederzusehen, und die doch sterben muß, in der verzweifelten Gewißheit, sie wird ihn nie mehr sehen und auch er wird sie nie mehr sehen.
Sie hinterließ drei Fetzen und ein zerrissenes Ledertäschchen. Darin fand ich ein paar Zettel. Es waren ihre Heiligtümer: die Briefe von ihrem Sohn aus Trichatin. Ich begann einen zu lesen: ,,Liebste, teuerste Mamika . . .'' Weiter konnte ich nicht — — die Tränen — — —

11. Oktober 1943. Ein trauriger Gedenktag

Es sind gerade zwei Jahre her seit jenem 11. Oktober 1941 — es war ein Samstag — an dem unsere Katastrophe ihren Anfang genommen hat.
Ganz früh war es, als man uns ins Haus von ,,guten Nachbarn'' die Nachricht brachte, daß wir aus Wischnitz verjagt werden. Schauerlich, sich an den Schock zu erinnern, den diese Nachricht ausgelöst hat. Es folgte dann tatsächlich das ominöse, grauenhafte Trommeln am Marktplatz, jenes nichtendenwollende Trommeln, so als würde Weltuntergang angekündigt. Doch es wurde nur unser Untergang verkündet: Bis 24 Stunden müssen alle Juden, alle, ob gesund oder krank, ob jung oder alt, Wischnitz verlassen; Vermögensgüter mitzunehmen ist strengstens verboten, gestattet sind Nahrungsmittel für höchstens sieben Tage. Dann, als das Trommeln endlich aufgehört hatte, tauchten die rumänischen Honoratioren, aus der ,,primaria'' (Rathaus) kommend, vor der versammelten Menge auf; Offiziere in glitzernden Uniformen, Zivilbonzen in Gala, schauten vergnügt auf die bestürzte Masse, lächelten in dick aufgetragener Schadenfreude und spazierten stolz vorbei.
Jede andere Menschengemeinschaft als diese in Lähmung erstarrten Wischnitzer Juden hätte sich gewiß so etwas nicht bieten lassen. Keine Geste des Protestes, des Widerstandes wurde gezeigt, die Reaktion war völlige Passivität, völliges Schaftum. Es war ein würdeloses

Sich-Klammern an ein Leben, das für sieben Tage noch eingeräumt
war, das Sich-Klammern ans Leben, auch wenn es noch elender sein
sollte als das des elendsten Hundes.
Menschen, Menschen mit Rückgrat und ohne Molluskenseele hätten
sich zu einer Kampfmasse zusammengeballt und hätten drohend erklärt: ,,Nein, wir gehen von hier nicht fort. Warum eigentlich sollen
wir unsere Heime verlassen? Was haben wir denn verbrochen? Welches ist unsere Schuld?
Ihr Rumänen sagt, wir Juden der Nordbukowina hätten auf die rumänische Armee geschossen, als sie im Juni 1940 auf Molotows Befehl die Nordbukowina, ohne einen Schuß abzufeuern, den Russen
überließ. Wir Juden sollen auf die rumänische Armee geschossen
haben? Welch monströse Lüge! Welch zynische Verleumdung! *Leider*, leider ist es nicht wahr. Denn wenn es auch wahr wäre, wenn wir
geschossen hätten, so ist auch dann die Schuld daran ganz auf euerer
Seite. Auf seine Wohltäter, auf seine Freunde, oder zumindest auf
solche, die einem nicht feindlich gesinnt sind, schießt man nicht. Und
hättet ihr euch in den Jahren 1918—1940, als ihr die Herren der Bukowina wart, zu uns Juden halbwegs menschlich benommen, wir hätten
eueren Abzug gewiß bedauert, denn wir sind nun mal anhänglich.
Aber euere Herrschaft war für uns eine ununterbrochene Kette von
Drangsalierung, von Entrechtung, Diskriminierung, Ausbürgerung
der meisten, numerus clausus und Schläge für jüdische Studierenwollende, antisemitische Hetzpresse, hinausgeworfene Juden aus
fahrenden Zügen, Regierungen mit den Antisemitenhäuptlingen
Cuza, Goga und Antonescu an der Spitze — all das konnte und mußte
ganz natürlicherweise in jeder jüdischen Seele nur Groll und Haß
erzeugen.
Und wenn sich dieser Groll vielleicht in ganz zahmer und schüchterner Weise bei euerem Abzug geäußert hat, so, wiederum, sind nicht
wir daran schuld. Vestra culpa! Und heute wollet ihr euch — als hättet ihr nicht schon genug drei Monate lang gegen uns aufs scheußlichste gewütet —, heute wollet ihr euch dafür rächen, daß wir gewagt
haben, unsere Peiniger und Knechte zu hassen und diesen Haß, wenn
auch nur ganz platonisch, zu äußern? Andere hätten gewiß die Gele-

genheit des Abzuges ihrer Unterdrücker ergriffen und ganz anders, viel konkreter, ihrem angestauten Haß Luft gemacht. Bei uns aber waren es bloß paar hitzige, unreife Jungens, die sich bei euerem Abzug völlig harmlose Äußerungen ihrer Genugtuung erlaubt haben, wofür ihr, noch beim Abzug, als Vergeltung auf die jüdischen Massen geschossen habt, wobei die Opfer wiederum, die Toten, auf unserer Seite waren, von euch wurde keiner getötet oder auch nur verletzt. Ein schauriges Schauspiel habt ihr — wohl wissend, daß das, was Juden angetan wird, und sei es auch das Verbrecherischste, der Vergessenheit verfällt — in der Bukowiner Ortschaft Tschudej aufgezogen. Dort haben ein paar jüdische blutjunge Naivlinge, die nicht wußten, daß die Russen alles andere als ,,Befreier" sind (Konrad Kreis u. a.), den dummen Einfall gehabt, mit der roten Fahne den Russen entgegenzugehen; da es aber etwas verfrüht war, so wurden die paar Heißsporne wie die Hunde von den Rumänen niedergeknallt. — Bis hieher, könnte man sagen, sei euere Reaktion noch verständlich gewesen. Doch mit dem Erschießen der Knaben habt ihr euch nicht begnügt. Die Erschossenen habt ihr dann in Stücke zerschnitten. Das war im Juni 1940. Im Juli 1941 kommt ihr Rumänen, mit Hitlers Hilfe, in die Nordbukowina zurück. (Die Russen hatten sich mit der Besetzung der Nordbukowina bloß einen Spaß erlaubt.) Die zerstückelten Leichen der von euch erschossenen Jungen aus Tschudej im Juni 1940 waren noch nicht Genugtuung, noch nicht Vergeltung genug gewesen. Die zurückkehrenden Rumänen erinnerten sich an das ,,Verbrechen" jener Jungens, welches sie schon vor einem Jahr gesühnt hatten — ihr Zorn ergrimmte von neuem. Alle Juden Tschudejs — Kinder und Greise, Junge und Alte — wurden in einem Saal eingesperrt, kein einziger entging dem Erschießungstod; die Erschossenen wurden darauf in eine Mistgrube geworfen. Wo ist die Rache für diese Ruchlosigkeit, die Rache, die Sühne für die Hunderte von Juden, mit deren Erschießen (mit besonderem Sadismus in Czernowitz) ihr euere Rückkehr blutig und infam gefeiert habt? Die Rache, die gab es nicht und die wird es — die Geschichte lehrt es — auch nicht geben. Das Umbringen von Juden ist seit Jahrhunderten ein international anerkanntes und fleißig praktiziertes Kavaliersdelikt. Darum wiederholt sich die Geschichte Tschudejs, voraussichtlich solange es Juden geben wird."

,,Und jetzt" — so hätte es sich geziemt, daß ein beherzter Vertreter der Wischnitzer Juden es den Hintermännern des Trommlers gesagt hätte — ,,jetzt wollt ihr uns mit Vertreibung und Vernichtung dafür bestrafen, weil ihr vermutet, wir hätten uns damals über eueren Abzug gefreut. Der Herr schlägt den Hund und erschießt ihn, weil er es gewagt hat, gegen die Schläge zu knurren. Wo ist die moralische Berechtigung eurer Rache? Wofür verjagt ihr uns, Wehrlose? Vielleicht deshalb, weil wir die Russen nicht daran gehindert haben, Juni 1940 den Norden der Bukowina und Bessarabien zu besetzen? Ihr seid doch große Kriegshelden, handhabt ja Gewehr und Tanks, warum habt *ihr* es denn nicht getan? Habt ihr es etwa versucht, und wir waren euch dabei hinderlich? — Nein, wir gehen nicht. Wenn ihr unseren Tod partout wollt, so schießt uns hier alle um den Trommler Versammelten nieder. Zeiget wenigstens den Mut zum Meuchelmord, den ihr beim Wiederbetreten der Nordbukowina schon einmal in brutalster Brutalität gezeigt habt. Wir sind ja wehrlos, besitzen keine Waffen, unsere Wehrlosigkeit ist euere Stärke. Machet von dieser euerer Stärke Gebrauch!"

Aber keiner der Wischnitzer Juden sprach so; wie die Lämmer begann man zu blöken, man begann zu plärren, zu jammern, verließ Haus und Vermögen und ließ sich treiben, ins Ungewisse hinein, in den Winter hinein, in den russischen Frost hinein, ins Elend, in den langsamen, aber sicheren Untergang.

Und hier, in Dschurin, harren wir vergeblich, seit vollen zwei Jahren, der phantomatischen Jeschieh und staunen, daß manche zäh noch am Leben sind. Doch dieses Leben ist kein Leben. Es ist ein vielfaches, allstündliches Sterben, eine Marter, die ärger ist als der Erschießungstod, ein Leben, wo man jeden Tag stirbt, um dann wieder ins Leben zurückgerissen zu werden, um uns dann wieder in den Tod hineinzuquälen. — Was kann denn das schon für eine ,,Jeschieh" sein? Ja, natürlich, wenn von den Vertriebenen und nach Dschurin Verschlagenen ein Häuflein überlebt, die vermeintliche ,,Jeschieh" erlebt, so werden diese Überlebenden — wenn es sie geben sollte — ge-

wiß mit Genugtuung und sich in die Brust werfend ausrufen: Aber *wir* haben doch die Jeschieh erlebt! Ihr Toren! Und wenn ihr alle diese Greuel überlebt habet, wie könnet ihr euch darüber freuen, da wo euere Brüder und Schwestern tot sind, für immer tot sind: was hilft denen schon euere ,,Jeschieh"? Was kann das schon für eine ,,Jeschieh" sein, wo schon heute weit mehr als die Hälfte der hieher Vertriebenen nicht mehr am Leben sind, und zwar die Jüngsten unter ihnen, die noch ihr ganzes Leben vor sich hatten, wo sich vielleicht nur die paar Brudermörder gerettet haben werden.
11. Oktober 1943. Ein Jahrestag. Ein trauriger Gedenktag.

11. Oktober 1943

Simches Toire (jüdischer Herbstfeiertag) in Dschurin. Ich schlendere durch die Gäßchen des Ghettos. Ein Bursche hält mich plötzlich an, er sei — sagte er mir — einer, dem, mit noch zwei Kameraden, es gelungen sei, aus Trichatin nach Dschurin zurückzukommen. Er überbringt von Kubi ein paar Zeilen an seine Mutter und auch an mich. Das Schreiben an die Mutter hatte unterdessen den Adressaten verloren. Mich bat er, seine Mutter aufzusuchen, sie zu trösten, ihr Mut zuzusprechen und ihr zu sagen, es gehe ihm nicht schlecht. Nun, sie, die Mutter, bedarf des Trostes nicht mehr. Dafür aber er dort, in der Hölle Trichatin. Geht — so berichtet mir der Überbringer — in Lumpen gehüllt, und jetzt ist es schon bitter kalt in der Nacht und naß am Tage. Leider kann man von hier dorthin nichts schicken, denn es fällt in fremde Hände. Auch Geld ist nicht verläßlich hinzuschicken. Wenn es der Kurier selbst nicht einsteckt, wie es letztens ein deutscher Ingenieur getan hat, so sind noch andere Unannehmlichkeiten damit verbunden. Kommt nämlich der Lagerkommandant dahinter, so gibt es Erschießen. ,,Erst vor kurzem" — berichtet der Überbringer von Kubis ,,Gruß" — ,,wurden drei von uns dort erschossen."

Ich schlendere weiter. Man merkt es: es ist Simches Toire auch im Ghetto Dschurin. Keine zwei Wochen sind es her seit jenen drei Schreckenstagen des 2. bis 4. Oktober. Doch wir Juden — oder vielleicht auch alle anderen Menschen — haben eine phänomenale Gabe des Vergessens. Das äußere Bild des Ghettos erinnert kaum noch an jene drei schwarzen Tage. Es ist Simches Toire, und die religiöse Tradition befiehlt, an diesem Tag sich zu freuen. Diesem Befehl gehorcht man gern. Aus den improvisierten Bethäusern erschallen laut fröhliche Gesänge, ja auch zeitweise begeistertes Händeklatschen. Es ist so, als wollten diese Gesänge etwa besagen: ,,Sollen die Gojim sehen, daß wir trotz allem leben und fröhlich sind."
Ich denke da so vor mich hin: Nennt man uns Juden Hasen, so nicht deshalb, weil wir furchtsam sind, sonst hätten wir ja nicht den Mut zur Provokation, die unsere publike Freude bedeutet, sondern deshalb, weil wir, wie der Hase, die Gabe besitzen, nicht nach rückwärts zu schauen. Was geschehen ist, ist geschehen, und tot sind die Toten. Wir Lebendigen wollen uns freuen. Und wenn es morgen wieder einen schwarzen Samstag geben wird, so werden wir halt an diesem schwarzen Samstag trauern. Bleiben wir dann weiter am Leben — die weg sind, sind halt weg —, dann beginnt für uns, die am Leben Gebliebenen, weiter die Freude am Leben und zwar gerade darüber, daß wir am Leben geblieben sind. Heute ist Simches Toire und wir sind fröhlich. Wir spielen auch Theater. Großer Andrang. Schöne — wenn auch traurige — Lieder erklingen da. Ach, wenn die in Trichatin sie nur hörten, wie würden sie sich freuen.
Und siehe da! Zur Freude kommt Freude. Von den nach Trichatin Verschleppten sind, wie erwähnt, drei bei uns wieder aufgetaucht. Angeblich sollen sie krankheitshalber entlassen worden sein. Vielleicht hat auch Geld da mitgespielt. Lösegeld. Ich begegne einem zweiten der Zurückgekehrten — sein Name: Stier —, gratuliere ihm. Merkwürdig, sein Gesicht ist sonderbar starr, er scheint sich über seine ,,Befreiung" gar nicht zu freuen, oder tut er vielleicht nur so. ,,Ja", sagt er, ,,was ha'mer davon, wenn die anderen dort sind." Und er beginnt, mit flüsternder Stimme, so als fürchtete er, gehört zu werden, zu erzählen.

,,Die brachten uns irgendwo bei Nikolajew zu den Deutschen. Mein Unglück wird vielleicht das Glück meines Bruders sein. Ich traf ihn dort im Lager, nachdem ich von ihm vier Monate nichts mehr gehört hatte. Ich habe ihm Geld zurückgelassen und hoffe, er wird sich loskaufen können. Die Arbeit? Nun, das ist ja gar keine Arbeit, sondern ganz einfach ein Konzentrationslager. Mein Bruder erzählte mir, daß es in der ersten Zeit noch schlimmer war. Sie waren dort von deutschtreuen Kosaken überwacht. Sobald es denen Spaß machte — wohl um ihre Ergebenheit den Deutschen gegenüber zu bezeugen —, schossen sie auf die Lagerinsassen. Letztens sei es etwas besser geworden. Ein Stacheldrahtzaun wurde ums Lager gezogen und das Erschießen ist seltener geworden. Ganz aufgehört hat es natürlich nicht. Die Furcht, erschossen zu werden, mit der lebt man den ganzen Tag und die ganze Nacht hindurch. Einer der Unsrigen, der nierenkrank war, war bei der Arbeit zusammengebrochen. Der Lagerkommandant, der gerade neben ihm stand, schrie ihn an: ‚Steh auf, Saujud, sonst erschieße ich dich.' ‚Herr Kommandant, tun Sie mit mir, was Sie wollen, ich bin krank und kann nicht mehr.' — Da zog der deutsche Mann den Revolver und schoß.

Ferner erzählte mir der Bruder, einer der Wächter habe ihm mitgeteilt, daß sie Befehl hätten, im Falle des Rückzuges sofort das ‚Judengesetz' zu vollziehen. Das ‚Judengesetz' — das ist das Gesetz des Maschinengewehrs. — Schauderlich", fährt Herr Stier mit einem Seufzer fort und schüttelt, wie konvulsiv, den Kopf, ,,schauderlich daran zu denken, in welchem Zustand wir die übrigen dort zurückgelassen haben. Unsäglicher Schmutz und Ungeziefer. Und nur, was die Bauern aus Mitleid einem zuwerfen, eine Tomate, eine Rübe, eine Scheibe Brot, das ist ihre Nahrung. — Doch das Furchtbarste ist die permanente und nur allzu berechtigte Angst vor dem Erschießen. Wir werden die Leute nicht mehr zurück sehen", schließt er mit einem Seufzer seinen Bericht. ,,Aber, gehen Sie, gehen Sie", sage ich ihm tröstend, ,,lassen Sie die trüben Gedanken. Seien Sie froh, daß Sie entkommen sind, und kommen Sie mit mir ins jüdische Theater. Heute gibt man ‚Schuldig oder unschuldig' — ein schönes Stück, und die Krämer singt dabei. Hören Sie, hören Sie, welcher Applaus. Gehen wir ins Theater!"

26. Oktober 1943

Neue Variante im alten Spiel. Als gerade eine junge Frau zu Grabe getragen wurde (sie starb an Typhus, im Dschuriner Spital) und eine größere Zahl Dschuriner Juden der Bahre folgten, was fiel da den Gendarmen ein? Sie überfielen den Leichenzug und fischten sich an die 20 Opfer heraus.

2. November 1943

Niederschmetternde Nachricht: Kubi, mein Cousin, ist tot. Ging dort unten in Trichatin zugrunde. — Ich liebte ihn wie ein eigenes Kind, ich war sein Mentor in der Schulzeit und habe mit Interesse seine musikalische Ausbildung verfolgt. Außerordentlich begabt, hatte er mit glänzendem Erfolg das Konservatorium absolviert und gewiß hätte ihm eine große Karriere als Violonist gewinkt. Mit 22 Jahren ging sein Leben zu Ende. Nicht einmal ein Plätzchen auf einem Friedhof wurde ihm zuteil. — Erschütternd diese Nachricht für mich. Ich fühle, nach diesem Schlag, die Kraft nicht mehr, diese Notizen fortzusetzen. Wozu denn auch? Ist doch jede weitere Aufzeichnung sinnlos, nutzlos. Sollten einem der Judenfeinde meine Notizen in die Hand fallen — er wird all den geschilderten Leiden hier nur sadistische Genugtuung abgewinnen. Und wenn noch ein Jude nach diesem ,,Cherben`` (Untergang) irgendwo in Europa am Leben bleiben und sich über diese Aufzeichnungen beugen sollte, so wird er gewiß blasiert sagen: ,,Das kennen wir alles, das ist ja der ewige Refrain jüdischen Schicksals. War ja zu Chmielnitzkis Zeiten nicht besser und auch nicht zu Petljuras Zeiten. — Daß man die an Juden begangenen Verbrechen einmal sühnen wird, das ist ja reinste Illusion. Verbrechen an Juden waren und bleiben straffrei.``
Meine Aufzeichnungen können den im Elend hier Umgekommenen ebensoviel helfen wie den Toten die früher einmal über deren Grä-

bern errichteten Grabsteine, ,,Mazejwes", den Darunterliegenden helfen konnten. Das Vernünftigste wäre wohl, ich vernichte das bisher Geschriebene. — Doch denke ich: man errichtet doch ,,Mazejwes" nicht, um den Toten damit zu helfen; die Leidtragenden, denen der Tod einen Lieben entrissen hat, geben ihrer Trauer irgendwie Ausdruck im stummen Stein der ,,Mazejwe".

Den Tausenden und Abertausenden Juden, die die Mörderhand der Deutschen und Rumänen, hier auf den Feldern der Ukraine, den Hunden und Geiern zum Fraße hingeworfen hat, diesen Märtyrern, denen nicht einmal der Friede eines Friedhofes zuteil wurde, mögen diese höchst bescheidenen Aufzeichnungen, vor allem meinem lieben Kubi, die ,,Mazejwe" sein. Eine andere hat er ja nicht, haben auch viele, viele seiner Mitermordeten nicht . . .

Mirjam Bercovici-Korber[1]
Dass es wirklich wahr ist
Nachwort zu Wolf Rosenstocks Notizen aus Dschurin

Ich, Mirjam Korber (Bercovici), bin eine der noch sehr wenigen Überlebenden des Ghettos von Dschurin und habe mein Tagebuch vor vielen Jahren im Hartung-Gorre Verlag (Konstanz) veröffentlicht, herausgegeben von Professor Erhard Roy Wiehn: *Deportiert – Jüdische Überlebensschicksale in Rumänien 1941-1943. Aus dem Rumänischen von Andrei Hoişie* (1993).

Zunächst dachte ich, dass ich Wolf Rosenstock kannte. Doch bin ich nicht sicher, weil ich mich nicht mehr an Einzelheiten erinnere. Aber es kommt mir vor, daß die beiden Tagebücher, seines in Deutsch und meines in Rumänisch, sehr ähnlich sind. Natürlich ist die Chronik *Das vergiss nicht* von einem sehr gebildeten und erwachsenen Menschen geschrieben. Ich aber war damals 18 Jahre alt, hatte die Schule ein Jahr zuvor verlassen müssen. Die Geschehnisse und auch viele Ausdrücke und Gedanken und sind dieselben. Wolf Rosenstocks Chronik von Dschurin ist vollständiger, weil sie auch Aufzeichnungen über die Atmosphäre vor der Deportation enthält, und sie ist genauer bezüglich der Situation der sozialen Schichten im Ghetto, bezüglich der Macht der rumänischen Gendarmen, der ukrainischen und jüdischen Miliz, der jüdischen Kultusgemeinde, usw. Beide Tagebücher sind mit Bleistift geschrieben und beide nur bis Oktober 1943, beide enden mit der gleichen Resignation: Es hat keinen Sinn zu schreiben – für wen und wozu?

Seither sind so viele Jahre vergangen, und ich persönlich habe manchmal das Gefühl, dass nicht mir und nicht in meinem Leben die Deportation und die Qualen im Ghetto geschehen sind. Aber indem ich lese, was Wolf Rosenstock aufgeschrieben hat, sehe ich, dass es wirklich wahr ist, und dass es – Gott behüte – wieder geschehen kann.

Bukarest, 3. August 2020

---

1 Mirjam Korber (verh. Bercovici, geb. 1923 in Kimpolung, Stadt im Kreis Suceava, Nordost-Rumänien) war seit Oktober 1941 mit ihren Eltern und ihrer kleinen Schwester Sylvia im Städtchen Dschurin (ukrainisch: Dschuryn), interniert und kehrte erst im Frühjahr 1944 nach Hause zurück; dazu von Mirjam Bercovici-Korber auch: *Was aus ihnen geworden ist*. Konstanz 1996, S. 56-67. – Dr. med. Sylvia Hoişie (geb. Korber) reiste im Jahre 2013 erneut nach Dschurin und Schargorod; in ihrem Reisebericht ist auch Mirjam Korbers Tagebuch aus ihrer Verbannung in Transnistrien 1941-1944 enthalten (S. 45-129): Sylvia Hoişie-Korber & Mirjam Bercovici-Korber, *Exkursionen in die Vergangenheit – Tagebuch aus der Verbannung in Trans-nistrien 1941-1944 sowie eine Reise in diese Vergangenheit von Iasi nach Czernowitz, Mohlilew, Schargorod und Dschurin 2013*. Konstanz 2014.

Erhard Roy Wiehn

Durch die Wüste Dschurin[2]

Nachwort als Einführung

1. Historischer Kontext

Juden lebten seit dem 13. Jahrhundert in der Bukowina und seit Anfang des 15. Jahrhunderts auch in Czernowitz, als Ort anno 1408 erstmals urkundlich erwähnt.[3] Als Teil des Fürstentums Moldau stand die Bukowina ab 1512 unter osmanischem Einfluss.[4] Von 1774/75 bis 1918 gehörte die Vielvölkerstadt Czernowitz mit dominant deutschsprachiger Kultur samt der Bukowina (seit 1849 Kronland) zu Österreich, 1918–1940 und 1941–1944 als Cernăuţi (rumänisch, gesprochen: Tschernautz) zu Rumänien, seit 1944 als Chernóvzi zur Sowjet-Ukraine und seit 1991 als Chernívtsi zur unabhängigen Ukraine.[5]

2020 vor 81 Jahren hatte am 1. September 1939 der Zweite Weltkrieg mit dem "Blitzkrieg" gegen Polen begonnen. Am 27. Juni 1940 akzeptierte Rumänien unter deutschem Druck das sowjetische Ultimatum, Bessarabien und die Nord-Bukowina an die Sowjetunion abzutreten, eine Folge des Hitler-Stalin-Paktes bzw. des von den Außenministern von Ribbentrop (1893–1946) und Molotow (1890–1986) unterzeichneten deutsch-sowjetischen Nichtangriffspaktes vom 23. August 1939 sowie des Grenz- und Freundschaftsvertrages zwischen dem Großdeutschen Reich und der Sowjetunion vom 28. September 1939.[6]

Am 28. Juni 1940 wurde die Bukowina von sowjetischen Truppen besetzt und das jüdische Leben stark unterdrückt. Im sogenannten "Russenjahr" und fast genau ein Jahr nach dem Einmarsch der Roten Armee in Czernowitz erfolgte dann in der Nacht zum 13. Juni 1941 die Deportation von ca. 5.000 sogenannten "Volksfeinden" – darunter großenteils jüdische Männer, Frauen und Kinder – nach Sibirien, wo viele Menschen durch Arbeit, Hunger, Klima, Krankheit und

---

[2] Hier Seite 130.

[3] https://www.google.de/#q=Bukowina

[4] Dazu Margit Bartfeld-Feller, "Das Türkenviertel von Czernowitz" u. "Das Wasserbecken im Türkenbad", in: Margit Bartfeld-Feller, Erinnerungswunde. Konstanz 2007, S. 71 ff.

[5] Dazu Peter Rychlo, "Czernowitz als geistige Lebensform. Die Stadt und ihre Kultur", in: Helmut Braun (Hg.), Czernowitz – Die Geschichte einer untergegangenen Kulturmetropole. Berlin 2006, S. 7 ff.; Erhard Roy Wiehn, Deutsch-ukrainische Aktivitäten – Universitärer, humanitärer, publizistischer und menschlicher Brückenbau von Europa nach Europa 1989–2009. Konstanz 2009, S. 74 ff.; https:// www.google.de/#q=Czernowitz

[6] http://de.wikipedia.org/wiki/Deutsch-sowjetischer_Nichtangriffspakt

die unsäglichen Lebensbedingungen den Tod fanden.[7] Es war eine Art Ironie des Schicksals, denn durch die Deportation nach Sibirien blieben zumindest die dort Überlebenden vor dem Tod durch die deutschen Sonderkommandos und in den Vernichtungslagern wie von rumänischen Massakern und Deportationen nach Transnistrien verschont.

Seit Anfang September 1940 war General Ion Antonescu "Staatsführer" Rumäniens; anlässlich seines Besuches bei Adolf Hitler am 22./23. November 1940 in Berlin schloss er sich dem Dreimächtepakt Deutschlands, Italiens und Japans an. Am 22. Juni 1941 begann Deutschland seinen Angriffskrieg gegen die Sowjetunion, gleichzeitig proklamierte Antonescu den "Heiligen Krieg" zur Wiedergewinnung Bessarabiens und der Nord-Bukowina. Am 2. Juli 1941 überquerte die rumänische Armee den Pruth. Acht Tage nach dem Einmarsch der deutschen Wehrmacht in die Sowjetunion verließen die sowjetischen Truppen Czernowitz am 30. Juni 1941, nicht ohne nochmals Juden zu verschleppen und zu ermorden. Am 4. Juli 1941 marschierten rumänische Truppen in Czernowitz ein, am Abend des 6. Juli 1941 kam das deutsche Einsatzkommando 10b,[8] schon in den ersten Tagen wurden Tausende Juden ermordet,[9] am 7. Juli 1941 wurde der Czernowitzer Rabbiner Dr. Abraham Mark verhaftet und am 9. Juli 1941 zusammen mit 150 bis 160 jüdischen Männern am Pruth erschossen,[10] am 10. Juli 1941 verlegte die mörderische deutsche SS-Einsatzgruppe D ihr Hauptquartier nach Czernowitz, um sogleich mit der Erschießung von Juden zu beginnen.[11] Bis 26. Juli 1941 waren Bessarabien und die Nord-Bukowina zurückerobert, am 23. August 1941 wurde Antonescu zum "Marschall von Rumänien" ernannt, am 30. August 1941 der Vertrag von Tighina über die Verwaltung des Gebietes zwischen Dnjestr[12] und Bug geschlossen, fortan "Transnistrien" genannt.

---

[7] Dazu Margit Bartfeld-Feller, Am östlichen Fenster – Gesammelte Schriften aus Czernowitz und aus der sibirischen Verbannung. Konstanz 2002; Sassona Dachlika, "Volksfeinde" – Von Czernowitz durch Sibirien nach Israel. Konstanz 2002.

[8] Das EK 10b gehörte zur berüchtigten Einsatzgruppe D unter Otto Ohlendorf, in Czernowitz unterstützt von rumänischen Armeeangehörigen und Polizei; http://de.wikipedia.org/ wiki/ Einsatzgruppen_der_Sicherheitspolizei_ und_des_SD

[9] Damals lebten ca. 70.000 Juden in Czernowitz; dazu auch Eberhard Jäckel et al. (Hg.), Enzyklopädie des Holocaust. Band I, München 1995, S. 297.

[10] Aussage von Dr. Marks Witwe im Eichmann-Prozeß, 48. Sitzung am 23. Mai. 1961.

[11] Beteiligt war das Einsatzkommando 10b der Einsatzgruppe D, aber auch ein Zug Waffen-SS und ein Halbzug des Polizei-Bataillons 9, abgesehen von rumänischen Einheiten; https:// de.wikipedia.org/wiki/Einsatzgruppe_D_der_Sicherheitspolizei_und_des_SD

[12] Dnjestr (Dniester, Dnister), 1.352 km langer Zufluss zum Schwarzen Meer; http://de.wikipedia.org/wiki/Dnister

Nach der raschen Rückeroberung der seit 1940 sowjetisch besetzten Bukowina und Bessarabiens begann hier eine Judenverfolgung gewaltigen Ausmaßes, welche die obwaltenden antijüdischen Maßnahmen im rumänischen Kernland noch übertraf. Raul Hilberg bemerkt, dass die Rumänen in "Transnistrien", der besetzten damaligen südwestlichen Sowjet-Ukraine, mit größter Härte gegen die Juden vorgegangen seien: "In diesem Gebiet, genauer gesagt im Raum Odessa und Golta, töteten die Rumänen (...) etwa 150.000 einheimische Juden. Außer Deutschland war kein anderes Land in Judenmassaker solchen Ausmaßes verstrickt." Am 8. Juli 1941 hatte "Staatsführer" Antonescu in einer Sitzung des Ministerrates erklärt, "daß 'heute ein sehr günstiger Augenblick in unserer Geschichte besteht', um die Juden aus Bessarabien und der Bukowina zwangsauszusiedeln." Das deutsch-rumänische Vernichtungswerk hatte seinen blutigen Anfang genommen, und die am 4./6. Oktober 1941 von Marschall Antonescu befohlene Abschiebung über den Dnjestr nach Transnistrien verlief barbarisch.[13]

Am 11. Oktober 1941 wurden die noch verbliebenen mehr als 50.000 Juden von Czernowitz in ein Ghetto getrieben, am 12. Oktober 1941 begannen die Deportationen nach Transnistrien.[14] Am 17. Oktober 1941 ist folgende Aktennotiz der deutschen Gesandtschaft in Bukarest datiert: "Wie Generaldirektor Lecca (rumänischer 'Judenkommissar', ERW) heute mitteilte, werden 110.000 Juden aus der Bukowina und aus Bessarabien evakuiert, und zwar in zwei Wälder in der Gegend des Bug. Soweit er erfahren konnte, sei diese Aktion auf einen Befehl des Marschalls Antonescu zurückzuführen. Sinn der Aktion sei die Liquidierung der Juden." Als Präsident des rumänischen Bundes jüdischer Gemeindeorganisationen protestierte Dr. Wilhelm Filderman bei Antonescu: "Dies ist der Tod, Tod, Tod ohne Schuld, ohne eine andere Schuld als die, Jude zu sein." Filderman erhielt von Antonescu sogar eine Antwort, die freilich aus einer Auf-

---

[13] Raul Hilberg, Die Vernichtung der europäischen Juden. (1961) 3 Bände, Frankfurt a.M. 1990, S. 812, 823; 828 ff.; W. Grossman u. I. Ehrenburg, Das Schwarzbuch. Hg. v. Arno Lustiger. Reinbek 1994; A. Hillgruber, Hitler, König Carol und Marschall Antonescu. Die deutsch-rumänischen Beziehungen 1938–1944. Wiesbaden 1954, 2. Auflage 1965. (Anhang I: "Die Judenfrage als Problem der deutsch-rumänischen Beziehungen" in: M. Korber, Deportiert. Konstanz 1993, S. 271–286); H. Gold (Hg.), Geschichte der Juden in der Bukowina. Band I, Tel Aviv 1958; Band II, Tel Aviv 1962; R. Ostrowskaja, Juden in der Ukraine. Ostfildern-Ruit 1996.

[14] Dazu Mirjam Korber (Bercovici), Deportiert – Jüdische Überlebensschicksale aus Rumänien 1941–1944. Konstanz 1993; Sonja Palty, Jenseits des Dnjestr – Jüdische Deportationsschicksale aus Bukarest in Transnistrien 1942–1943. Konstanz 1995; Jacob Melzer, Jankos Reise – Von Czernowitz durch die transnistrische Verbannung nach Israel 1941–1946. Konstanz 2001; Jewgenija Finkel u. Markus Winkler, Juden aus Czernowitz – Ghetto, Deportation, Vernichtung 1941–1944. Überlebende berichten. Konstanz 2004; weitere Literatur siehe Seite 133 ff.

zählung angeblicher jüdischer Untaten gegen das rumänische Volk bestand, die eine Bestrafung unverzichtbar machten.[15]
Der rumänische Gouverneur Alexianu von Transnistrien verfügte am 11. November 1941, dass sich Juden nur an ihnen zugewiesenen Orten aufhalten dürften. "Der deutsche Militärattaché in Bukarest berichtete, einem seiner Agenten (...) sei aufgefallen, dass die rumänischen Offiziere mit Ringen, Pelzen, Seidenstoffen und anderen Wertsachen beladen waren, die sie von den Tausenden abgeschobenen Juden erbeutet hatten."[16] Insgesamt wurden 145.000 bis 150.000 Juden nach Transnistrien deportiert, von denen dort ca. 90.000 ums Leben kamen.[17]

Im März 1944 wurde die Bukowina erneut von der Roten Armee besetzt, die Nord-Bukowina mit Czernowitz blieb von da an Teil der Sowjetrepublik Ukraine und seit 1991 der Republik Ukraine.[18] – Die sowjetische Offensive führte im August 1944 zum Sturz des Antonescu-Regimes und zum Frontenwechsel Rumäniens;[19] danach herrschte wieder Mihai I. – bis er von den Kommunisten am 30. Dezember 1947 zur Abdankung gezwungen wurde.

2. Wolf Rosenstocks Notizen aus Dschurin

"Denn unsere Lage hier, ungewöhnlich und arg wie sie ist", schreibt Wolf Rosenstock in seinem Eintrag vom Samstag, 31. Januar 1942, "verdient es nicht, wie ich glaube, als etwas Geschichtsloses und Geschichtsunwürdiges im Schlund der Vergessenheit zu verschwinden. Die Geschichte unseres "Gules

---

[15] Raul Hilberg, a.a.O., S. 830.

[16] Raul Hilberg, a.a.O., S. 837 ff. u. 830.

[17] Eberhard Jäckel et al. (Hg.), Enzyklopädie des Holocaust. München 1995, Band III, S. 1421 ff. u. 1425; dazu auch Mariana Hausleitner, "Eine wechselvolle Geschichte". In: Helmut Braun (Hg.), a.a.O, S. 31 ff. u. 72 ff.; dazu die Dokumentation in: Mirjam Korber (Bercovici), Deportiert. Konstanz 1993, S. 239 ff.; Simon Geissbühler, Blutiger Juli – Rumäniens Vernichtungskrieg und der vergessene Massenmord an den Juden 1941. Paderborn 2013 (Rezension von Jean-Marie Calic, "Antonescus Vernichtungsfeldzug – Die rumänische Führung und die Massaker an Juden 1941: Suche nach Erinnerungsorten", in: Frankfurter Allgemeine Zeitung, Nr. 244, 21. Oktober 2013, S. 8); Benjamin M. Grilj (Hg.), "Schwarze Milch" – Zurückgehaltene Briefe aus den Todeslagern Transnistriens. Innsbruck/Bozen/Wien 2013 (dazu Rezension von Dirk Schümer, "Flaschenpost im Meer der Vernichtung – Das erschütternde Schicksal der rumänischen Juden: Briefe aus den Todeslagern Transnistriens erinnern an ein lange vergessenes Kapitel in der Geschichte des Völkermords." In: Frankfurter Allgemeine Zeitung, Nr. 279, 30. November 2013, S. L19); Doris Griesser, "Ich bitte und flehe..." Ein Grazer Forscher hat während seiner Dozentur an der Universität Czernowitz Briefe deportierter Juden transkribiert und vor dem Vergessen gerettet: Es sind unmittelbare Zeugnisse des Genozids", in: Der Standard, 04.12.2013; Bärbel Rabi, "In Transnistrien die Jugend verloren", in: Die Stimme (Tel Aviv), Januar 2014, S. 1 f.

[18] https://de.wikipedia.org/wiki/Bukowina

[19] https://de.wikipedia.org/wiki/Rumänien

([Golá]Exil) Dschurin" soll, wie ich meine, auch künftigen Generationen etwas zu sagen haben. (...) Immerhin meine ich, wird es für die Überlebenden (...) gewiß nicht uninteressant sein, mal wo nachlesen zu können, wie wir *durch die Wüste Dschurin* hindurchgegangen sind, was wir uns dabei für Gedanken gemacht haben." (31. Januar 1942, S. 29)

Wolf Rosenstocks Tagebuch *Das vergiss nicht – Notizen aus dem rumänisch-deutschen Vernichtungslager Dschurin* (1981) enthält insgesamt 81 Einträge zwischen dem 29. November 1941 (S. 7) und dem 2. November 1943; davon entfallen 2 Einträge, auf das Jahr 1941, 35 Einträge auf das Jahr 1942 und 44 Einträge auf das Jahr 1943. Diese Einträge umfassen zwischen 3 *Zeilen* (9. Juli 1942) und 10 *Seiten* (31. Januar 1942). Zwischen diesen Einträgen gibt es teils kürzere, teils längere Schreibpausen (6. Juli 1943, S, 74). Die Einträge enthalten detaillierte *Notizen* über die jeweilige humanitäre Situation in Dschurin, aber auch historisch-philosophisch-politisch- theologische Exkurse (30. Juli 1943, S. 84), teils mit einem fiktiven Gesprächspartner namens "Herr Rennert": "Doch unterhalten kann ich mich nur mit mir selbst." (30. Juli 1943, S. 80; 9. September 1943, S. 100)

Es geht vor allem um "diese Dschuriner 'sozialpsychologischen Phänomene'" (S. 27f.), um die Juden in Europa (9. September 1943, S. 100-102), um Herzls Idee eines Judenstaates in Palästina (9. September 1943, S, 101, 31. Januar 1942, S. 30 u. 69)[20] und dort auch um arabische Pogrome (31. Januar 1942, S. 31): "Wie überhaupt die Existenz eines wehrfähigen Judenstaates eine brennende Ohrfeige für den Antisemitismus der Welt bedeuten würde." (31. Januar 1942, S. 32; am selben Tag schreibt auch Mirjam Korber in: Exkursionen in die Vergangenheit, S. 73) – Doch zurück zu Dschurin: "Wird sich mal ein Historiker finden, der das Kapitel Judenvernichtung in Transnistrien eingehend erforschen wird?" (3. März 1941, S. 38). – Dschurin "als Gefängnis und Sterbeort" (20. Februar 1942, S. 44); denn, so der Kommandant des Lagerortes Schargorod bei Dschurin: "Nicht um zu leben seid ihr hierhergekommen, sondern um hier zu sterben." (25. März 1942, S. 47, Schargorod auch S. 45 u. 49). – Also: "Nur ein Wunder kann uns noch retten." (25. März 1942, S. 48). Vor den sadistischen Schikanen und vor dem Tod (23. Juni 1942, S. 51).

Dann wieder Selbstzweifel des Autors der *Notizen:* "Ist es nicht pure Illusion zu glauben, diese Aufzeichnungen könnten einmal einen Leser finden?" (1. Juli 1942, S. 54). Doch er schreibt weiter: "... das Herz erzittert" (3. Juli 1942, S. 54), und: "Wie recht doch Heine hatte: Judentum ist keine Religion, Judentum

---

[20] Dazu: Erhard Roy Wiehn (Hg.), Theodor Herzl – Auf der Insel Mainau, in Konstantinopel und in Palästina als Vater der israelischen Diplomatie. Konstanz 2018.

ist ein Unglück." (30. Juli 1942, S. 61) Doch auch Badestrand (30. Juli 1943, S. 79), Konditoreien und Theater werden erwähnt (30. Juli 1943, S. 79). In Dschurin hat Wolf Rosenstock (fast wie im wirklichen Leben) drei Gruppen von Juden entdeckt: eine Oberschicht von ca. 50 Familien, die Paria-Masse und eine Zwischenschicht mit ihren recht unterschiedlichen Lebens- und Überlebenschancen (6. Juli 1943, S. 74f.). Alsdann gibt es bezüglich Heimkehr nach Hause Optimisten und Pessimisten (29. August 1943, S. 88) und nicht zuletzt Juden aus den Nordbukowina, der Südbukowina sowie aus Bessarabien mit recht unterschiedlichem sozialen Status, aber für alle fragt der Autor: "Ist 'Jude' der Name eines unkorrigierbaren Geburtsfehlers?" (9. September 1943, S. 100). Deutsche Soldaten meinten: "Wir Deutschen sind da viel humaner als die Rumänen, ERW), wir quälen keine Juden. Wir erschießen sie." (4. Oktober 1943, S. 113) "Doch das Furchtbare ist die permanente und nur allzu berechtigte Angst vor dem Erschießen." (11. Oktober 1943, S. 122) Also der "liebe Herrgott, der, wenn er sich nur seine liebe Welt, seinen Erdenplaneten, mit dem, was darauf vorgeht, anschauen sollte, ja schon längst hätte Selbstmord begehen müssen. Aber noblesse oblige." (30. Juli 1943, S. 84)

*

Mitte Juli 2020 hat mich Wolfgang Hartung-Gorre vom gleichnamigen Verlag, darüber informiert, dass Frau Simona Ruhm uns das Buch ihres Vaters Wolf Rosenstock *Das vergiß nicht* (1984) zur Neuauflage angeboten hat. Nach meiner ersten Durchsicht stellte ich fest, dass diese Notizen eine Art Pendant zu Mirjam Korbers (Bercovici) *Deportiert – Jüdische Überlebensschicksale in Rumänien 1941-1943* (Konstanz 1983) darstellt und unbedingt in unsere Edition Schoáh & Judaica aufgenommen werden sollte. – Aus Zeit- und Kostengründen haben wir Wolf Rosenstocks Text der Erstauflage unverändert belassen (und somit auf erklärende Fußnoten verzichtet) und nur den Haupttitel als Zitat an die biblisch-hebräische Formulierung angeglichen.[21] Die Fotos hat uns dankenswerterweise Frau Simona Ruhm zur Verfügung gestellt: Herzlicher Dank gebührt ihr dafür, dass sie uns die *Notizen* anvertraut hat, unserer Autorin und Freundin Dr. med. Mirjam Bercovici-Korber für ihr sehr kurzfristiges Augenzeugen-Nachwort und dem Hartung-Gorre Verlag für sein besonderes Engagement. Der allergrößte Dank gebührt jedoch posthum dem Autor Wolf Rosenstock für sein unikales Tagebuch aus der Wüste des Internierungslagers Dschurin. – Wir freuen uns

---

[21] Wolf Rosenstocks *Notizen* trugen in ihrer Erstveröffentlichung (1984) den Titel *Das vergiß nicht*, und zwar mit dem klaren Quellenverweis (Innentitel) auf "Deuteronomium 25,19"; dort heißt es jedoch in der hebräischen Bibel: *"lo tischkach"* – *"nicht vergiss"*, deutsch: *Vergiss nicht"* Martin Buber u. Franz Rosenzeig, Die Fünf Bücher der Weisung. Heidelberg 1981, S. 540; Walter Homolka, Hanna Liss, Rüdiger Liwak (Hg.) übersetzen in *Die Tora*: "Vergiss es nicht!" (Freiburg 2015, S. 785)

sehr, dass dieses wichtige Dokument (trotz Coronazeit!) nun bereits im Spätsommer 2020 (27 Jahre nach Mirjam Bercovici-Korber *Deportiert* (1993) und 6 Jahre nach Sylvia Hoişie-Korbers & Mirjam Bercivici-Korbers *Exkursionen in die Vergangenheit* (2014) als Neuauflage vorliegt – und zwar als wichtige Ergänzung und Bereicherung unserer Bukowina-, Rumänien und -Transnistrien-Literatur.
22. Juli u. 3. August 2020

***

Wolf Rosenstock

Geboren am 8. Juli 1909 in einem Städtchen der ehemaligen Donaumonarchie, erhielt er seine Ausbildung (inklusive beendetes Jura- und Philosophie-Studium) in Czernowitz, Hauptstadt der Provinz Bukowina, die bis 1918 Teil Osterreich-Ungarns, 1918 an Rumänien gekommen war. 1941 in das Vernichtungslager Dschurin in Transnistrien (inzwischen Ukraine) deportiert, kam er 1945 nach Rumänien. Hier war er bis 1961 als Rechtsanwalt und Journalist tätig. – Seit 1963 in der Bundesrepublik Deutschland ansässig: 1964 wurde seine in Rumänien erfolgte Ausbildung für das Lehramt an Gymnasien in Französisch und Englisch (ebenso Latein) anerkannt. 1964 Lehrer am Geschwister-Scholl-Gymnasium in Düsseldorf; nach Erlangung der deutschen Staatsangehörigkeit 1966 Studienassessor, 1967 Studienrat und 1969 Oberstudienrat am Geschwister-Scholl-Gymnasium in Düsseldorf bis 1974. – Seine ersten Veröffentlichungen erschienen vor dem Zweiten Weltkrieg in Czernowitz; 1973 bis 1984 philosophische Schriften, Essays und Aphorismen in Deutschland und Österreich, Pseudonym: W. Roxan; er war Mitglied der Künstlergilde; beschäftigte sich auch intensiv mit dem Nahostkonflikt. – Wolf Rosenstock verstarb am 23. Oktober 1990.

Dr. Drs. h.c. Erhard Roy Wiehn, M.A.

Professor (em.) im Fachbereich Geschichte und Soziologie der Universität Konstanz; Veröffentlichungen vor allem zur Schoáh & Judaica:
Erhard.Wiehn@uni-konstanz.de; www.uni-konstanz.de/soziologie/judaica

Bücher von/Books by Prof. Dr. Erhard Roy Wiehn im Hartung-Gorre Verlag/Publishers, Konstanz, Germany
Titel 08/2020 http://www.uni-konstanz.de/soziologie/judaica

Bukowina, Czernowitz, Rumänien, Sibirien, Transnistrien, Ukraine

Margit Bartfeld-Feller, Dennoch Mensch geblieben – Von Czernowitz durch Sibirien nach Israel 1923/96. Konstanz 1996, 121 Seiten. ISBN 3-89649-029-X: Vergriffen, jetzt in: Margit Bartfeld-Feller, Am östlichen Fenster. Konstanz 2002!

Margit Bartfeld-Feller, Nicht ins Nichts gespannt – Von Czernowitz nach Sibirien deportiert. Jüdische Schicksale 1941–1990. Konstanz 1998 , 108 S. ISBN 3-89649-327-2

Margit Bartfeld-Feller, Wie aus ganz andern Welten – Erinnerungen an Czernowitz und die sibirische Verbannung. Konstanz 2000, 72 Seiten. ISBN 3-89649-527-5

Margit Bartfeld-Feller, Am östlichen Fenster – Gesammelte Geschichten aus Czernowitz und aus der sibirischen Verbannung. Konstanz 2002, 270 Seiten. ISBN 3-89649-672-7

Margit Bartfeld-Feller, Unverloren – Weitere Geschichten aus Czernowitz und aus der sibirischen Verbannung. Konstanz 2005, 102 Seiten. ISBN 3-89649-926-2

Margit Bartfeld-Feller, I proschedscheje ne uchodit (russisch: Und Vergangenes vergeht nicht). Konstanz 2005, 115 Seiten. ISBN 3-86628-036-X

Margit Bartfeld-Feller, Erinnerungswunde – Weitere Geschichten aus Czernowitz und aus der sibirischen Verbannung. Konstanz 2007, 106 Seiten. ISBN 3-86628-151-X

Margit Bartfeld-Feller, Aschenblumen – Eine Fotodokumentation aus Czernowitz sowie von der der sibirischen Verbannung und danach. (Deutsch u. russisch) Konstanz 2008, 312 Seiten. ISBN 3-86628-187-0

Margit Bartfeld-Feller, Mama Cilly – Geschichten aus Czernowitz und aus der sibirischen Verbannung. Konstanz 2009, 62 Seiten, Fotos. ISBN 978-3-86628-273-5

Margit Bartfeld-Feller, Nachhall – Weitere Geschichten aus Czernowitz und aus der sibirischen Verbannung. (Deutsch u. russisch) Konstanz 2011, 121 Seiten, viele Fotos. ISBN 978-3-86628-361-9 & 3-86628-361-X

Margit Bartfeld-Feller, Selma Meerbaum-Eisinger. 1924–1942. Erinnerungen ihrer Schulfreundin. Vorwort von Petro Rychlo: Mit Beiträge von Gesine Keller, David Klein, Elisabeth Rosenfelder und Jürgen Serke. Konstanz 2013, 76 Seiten, viele Fotos. ISBN 978-3-86628-479-1 & 3-86628-479-9

Margit Bartfeld-Feller, Von dort bis heute – Gesammelte Geschichten aus Czernowitz sowie aus der sibirischen Verbannung und danach. 1925–2015. Mit Erinnerungen meines Bruders Othmar Bartfeld. Vorworte von Helmut Kusdat und Gerald Stourzh. Konstanz 2015, 412 Seiten, viele Fotos. ISBN 978-3-86628-529-3 u. 3-86628-529-9

Margit Bartfeld-Feller, Mein Bruder Othmar (Otti) Bartfeld – Als jüdischer Junge 1941 mit seiner Familie vom sowjetischen NKWD aus Czernowitz nach Sibirien deportiert und in Tomsk für immer verblieben 1932–2016. Mit Beiträgen von Othmar (Otti) Bartfeld und einer Fotodokumentation. Konstanz 2017, 117 Seiten. ISBN 3-86628-589-2 u. 978-3-86628-589-7

Маргит Бартфельд-Феллер, Мой брат Отмар (Отти) Бартфельд – Ейврейски мальчик, депортированный НКВД в июне 1941 года вместе с родными в Сибирь, живший и умерший в городеТомске. 1931–2016. Констанц (Konstanz) 2017, 110 Seiten/pages. ISBN 978-3-86628-599-6 u. 3-86628-599-X

Mirjam Bercovici-Korber, Was aus ihnen geworden ist – Jüdische Familiengeschichten aus Rumänien 1855–1995. Konstanz 1996, 124 Seiten. ISBN 3-89649-002-8

Mirjam Bercovici & Beno Hoişie, Die Letzten vielleicht – Alte jüdische Menschen in Bukarest und Jassy. Vorwort von Andrei Corbea-Hoişie. Konstanz 1998, 104 Seiten. ISBN 3-89649-328-0

Isiu Bessler, Eine rumänisch-jüdische Familiengeschichte – Von Suceava durch **die transnistrische Verbannung** und das kommunistische Rumänien nach Israel 1928–2012. Konstanz 2015, 132 Seiten, Fotos. ISBN 973-3-86628-X

Hedwig Brenner, Mein altes Czernowitz – Erinnerungen aus mehr als neun Jahrzehnten 1918–2010. Konstanz 2010, 129 S., viele Fotos. ISBN 978-3-86628-320-6 & 3-86628-320-2

Hedwig & Gottfried Brenner, Zum Andenken und Nachdenken – Kurzgeschichten, Lyrik und Malerei aus Czernowitz und Israel. Konstanz 2011, 154 Seite, Fotos u. viele Farbdrucke ISBN 978-3-86628-399-2 & 3.86628-399-7

Mali Chaimowitsch-Hirsch, Kindheit und Jugend im Schatten der Schoáh – Jüdische Schicksale in der Bukowina 1928–1990. Konstanz 1999, 61 Seiten. ISBN 3-89649-442-2

Sassona Dachlika, "Volksfeinde" – Von Czernowitz durch Sibirien nach Israel. Eine Erzählung. Konstanz 2002, 140 Seiten. ISBN 3-89649-802-9

Iulia Deleanu, Leben für andere – Jüdische Porträts aus Rumänien. Aus dem Rumänischen von Mirjam Bercovici. Vorwort Andrei Corbea-Hoişie. Konstanz 2004, 124 Seiten ISBN 3-89649-907-6

Karl I. Epstein, Weihnachten 1942 – Ein jüdischer Junge überlebt deutsche Massaker in der Ukraine und erlebt als "Ostarbeiter" eine deutsche Weihnacht in Berlin. 78 Seiten Konstanz 2011. ISBN 978-3-86628-389-3

Jewgenija Finkel & Markus Winkler, Juden aus Czernowitz – Ghetto, **Deportation**, Vernichtung 1941–1944. Überlebende berichten. Aus dem Russischen von Kateryna Stetsevych. Konstanz 2004, 124 Seiten. ISBN 3-89649-892-4

Matei Gall, Finsternis – Durch Gefängnisse, KZ Wapniarka, Massaker und Kommunismus. Ein Lebenslauf in Rumänien 1920–1990. Konstanz 1999, 338 Seiten. .ISBN 3-89649-416-3

Yosef Govrin, Im Schatten der Vernichtung – Erinnerungen an meine unbeschwerte Kindheit— in Bessarabien und Czernowitz, die bittere Verbannung in Transnistrien und die illegale Einwanderung nach Eretz Israel 1930-1949. Fotos und Dokumente. 143 Seiten. ISBN 978-3-86628-608-5

Sidi Gross, Zeitzeugin sein – Geschichten aus Czernowitz und Israel. Konstanz 2005, 88 Seiten, Fotos. ISBN 3-86628-016-5

Sidi Gross, Überlebt und weitergelebt – Weitere Geschichten aus Czernowitz und Israel. Konstanz 2007, 138 Seiten. ISBN 3-86628-142-0

Sidi Gross, In entzweiter Zeit – Weitere Geschichten aus Czernowitz, der Schoáh und Israel. 111 Seiten, Fotos. Konstanz 2010. ISBN 978-3-86628-322-0 & 3-86628-322-9

Sylvia Hoişie-Korber u. Mirjam Bercovici-Korber, Exkursion in die Vergangenheit. – Vorwort von Andrei Corbea-Hoşie. Konstanz 2014, 156 Seiten, Fotos. ISBN 978-3-86628-496-8 & 3-86628-496-9

Jakob Honigsman, Juden in der Westukraine – Jüdisches Leben und Leiden in Ostgalizien, Wolhynien, der Bukowina und Transkarpatien 1933–1945. Hg. Raymond M. Guggenheim u. Erhard Roy Wiehn. Konstanz 2001, 380 Seiten. ISBN 3-89649-647-6

Bernhard u. Laura Horowitz mit Edith Pomeranz, Stimmen der Nacht – Gedichte aus der Deportation in **Transnistrien** 1941–1944. Konstanz 2000, 84 Seiten. ISBN 3-89649-546-1

Lotti Kahana-Aufleger, Jahre des Kummers überlebt – Czernowitz und die **transnistrische Verbannung** 1939–1950. Konstanz 2009. 135 Seiten, Fotos. ISBN 978-3-86628-266-7

Sidi Kassner, Sibirische Erinnerungen – Von Czernowitz nach Sibirien deportiert und ein neues Leben in Israel. Konstanz 2008, 74 Seiten. ISBN 3-86628-199-4

Mirjam Korber (Bercovici), Deportiert – Jüdische Überlebensschicksale aus Rumänien 1941 –1944. Aus dem Rumänischen u. eingeleitet von Andrei Hoişie. Mit einer Familiengeschichte von Sylvia Hoişie-Korber. Konstanz 1993, 303 Seiten. ISBN 3-89191-617-5

Franka Kühn, Dr. Eduard Reiss – Der erste jüdische Bürgermeister von Czernowitz 1905–1907. Konstanz 2004, 81 Seiten. ISBN 3-89649-891-6

Zvi Harry Likwornik, Als Siebenjähriger im Holocaust – Nach den Ghettos von Czernowitz und Bérschad in **Transnistrien** ein neues Leben in Israel 1934–1948–2012. Konstanz 2012; durchges. u. erw. Neuausgabe 2013, 218 S.,Fotos. ISBN 978-3-86628-426-5 & 386628-426-8

Valeriu Marcu, "Ein Kopf ist mehr als vierhundert Kehlköpfe" – Gesammelte Essays. Im 60. Todesjahr Valeriu Marcu zum Gedenken. Ausgewählt und kommentiert von Andrei Corbea-Hoişie, herausgegeben von Erhard Roy Wiehn. Konstanz 2002, 251 S. ISBN 3-89649-736-7

Jacob Melzer, Jankos Reise – Von Czernowitz durch die **transnistrische Verbannung** nach Israel 1941–1946. Konstanz 2001, 222 Seiten. ISBN 3-89649-674-3

Andrei Oişteanu, Das Bild des Juden in der rumänischen Volkskultur – Eine Auswahl scheinbar positiver Vorurteile. Aus dem Englischen von Marie-Elisabeth Rehn. Konstanz 2002, 49 Seiten,. ISBN 3-89649-816-9

Marcel Pauker, Ein Lebenslauf – Jüdisches Schicksal in Rumänien 1896–1938. Mit einer Dokumentation zu Ana Pauker. Herausgegeben von William Totok und Erhard Roy Wiehn. Konstanz 1999, 194 Seiten. ISBN 3-89649-371-X

Josef N. Rudel, Das waren noch Zeiten – Jüdische Geschichten aus Czernowitz und Bukarest. Konstanz 1997, 70 Seiten. ISBN 3-89649-138-5

Josef N. Rudel, Wir schöpfen Kraft aus Tränen – Leitartikel aus 'Die Stimme' Tel Aviv, Monatsschrift der Bukowiner Juden 1993–1997. Konstanz 1997, 83 S. ISBN 3-89649-139-3

Josef Norbert Rudel, Honigsüß und gallenbitter – Aus dem Leben eines Czernowitzers. Konstanz 2006, 59 Seiten. ISBN 3-86628-049-1

Victor Rusu, Damals im Schtetl – Jüdisches Leben in Rumänien. Erlebte und überlieferte Geschichten. Aus dem Rumänischen v. Kathrin Lauer. Konstanz 2001, 166 Seiten. ISBN 3-89649-671-9

Klara Schächter, Wos ich hob durchgemacht – Was ich durchgemacht habe. Brief einer Jüdin aus der Bukowina, verfaßt in **Transnistrien** 1941. Jiddisch und deutsch. Aus dem Jiddischen und eingeleitet von Othmar Andrée. Konstanz 1996, 133 Seiten. ISBN 3-89649-078-8

Itzik Schwarz-Kara, Juden in Podu Iloaiei – Zur Geschichte eines rumänischen Schtetls. Aus dem Rumänischen von Iulian Comanean und Sieglinde Domurath. Konstanz 1997, 103 Seiten. ISBN 3-89649-202-0

Agnes Weiss-Balazs, "Zusammen – Zusammen" – Von Nordsiebenbürgen durch Auschwitz-Birkenau und Ravensbrück bis Neustadt-Glewe und Wittstock 1923–1945. Konstanz 2005, 53 Seiten. ISBN 3-86628-027-0

Emil Wenkert, Czernowitzer Schicksale – Vom Ghetto nach **Transnistrien** deportiert. Jüdische Schicksale 1941–1944. Konstanz 2001, 36 Seiten. ISBN 3-89649-675-1

Jacques Zwieback, Der Todeszug von Iaşi 1941 – Ein Überlebender des größten Pogroms in Rumänien erinnert sich. Aus dem Rumänischen von Kathrin Lauer. Konstanz 2003, 99 Seiten. ISBN 3-89649-804-5

*

Erhard Roy Wiehn, Deutsch-ukrainische Aktivitäten – Universitärer, humanitärer, publizistischer und menschlicher Brückenbau von Europa nach Europa. Konstanz 2009. (*Darin auch Judaica!*) (Auch in ukrainischer Sprache, Kiew 2009) ISBN 978-3-86628-239-1

Von Europa nach Europa • З Європи в Європу – 25 Jahre Zusammenarbeit der Universität Konstanz und der Nationalen Taras Schewtschenko Universität Kyiv 1992-2017. Erinnerungen. (*Darin auch Judaica!*). Konstanz 2017. ISBN 978-3-86628-591-0 u. 3-86628-591-4:

Hartung-Gorre Verlag, D-78465 Konstanz, Germany - Telefon +49 (0)7533/97227
E-mail: verlag@hartung-gorre.de
oder durch den Buchhandel/or at your book shop or by Amazon!
http://www.hartung-gorre.de

Inhalt

Wolf Rosenstock: Vergiss nicht – Notizen aus Dschurin 5

Mirjam Bercovici-Korber: Dass es wirklich wahr ist – Ghetto Dschurin 125

Erhard Roy Wiehn: Durch die Wüste Dschurin – Nachwort zur Einführung .. 126
1. Historischer Kontext 126
...2. Wolf Rosenstocks *Notizen* aus Dschurin 129

Wolf Rosenstock 132
Erhard Roy Wiehn 132

Rumänien, Sibirien u. Transnistrien in der Edition Schoáh & Judaica 133

Wolf und Malcia Rosenstock mit ihren Töchtern Leonora und Simona